阿昌族居住地域，大约东起云南省大理白族自治州，北抵怒江傈僳族自治州，西至德宏傣族景颇族自治州与缅甸接壤。这里高黎贡山和怒山余脉纵贯南北，澜沧江和怒江顺山势蜿蜒南下，形成山脉与河流相间，高山峡谷区和山间盆地交错，属亚热带湿润区。

国家出版基金项目

走近中国少数民族丛书

主　编/ 丹珠昂奔

阿昌族

Achangzu

们发延　张斯齐　著

辽宁民族出版社

图书在版编目（CIP）数据

阿昌族 / 们发延，张斯齐著. —沈阳：辽宁民族出版社，2014. 12（2020.5重印）
（走近中国少数民族丛书 / 丹珠昂奔主编）
ISBN 978-7-5497-0929-8

Ⅰ. ①阿… Ⅱ. ①们… ②张… Ⅲ. ①阿昌族 — 民族历史 — 中国 ②阿昌族 — 民族文化 — 中国 Ⅳ. ①K286.2

中国版本图书馆CIP数据核字（2014）第310510号

走近中国少数民族丛书 · 阿昌族
ZOUJIN ZHONGGUO SHAOSHU MINZU CONGSHU · ACHANGZU

丛书策划 / 李凤山

出版发行者：辽宁民族出版社
地　　址：沈阳市和平区十一纬路25号　邮编：110003
印 刷 者：晟德（天津）印刷有限公司
幅 面 尺 寸：170mm×240mm
印　　张：10
字　　数：150千字
出 版 时 间：2014年12月第1版
印 刷 时 间：2020年5月第2次印刷
责 任 编 辑：李凤山　吴昕阳　金顺玉
封 面 设 计：杜　江
责 任 印 制：杨　雪
责 任 校 对：边京爱

标准书号：ISBN 978-7-5497-0929-8
定　　价：38.00元

网　　址：www.lnmzcbs.com　　邮购热线：024-23284335
淘宝网店：http：// lnmz2013.taobao.com
如有印装质量问题，请与出版社联系调换　联系电话：024-23284340

《走近中国少数民族丛书》编辑委员会

《走近中国少数民族丛书》作者名录

《蒙古族》 萨仁图娅（蒙古族）

《回族》 许宪隆（回族） 张龙（汉族）

《藏族》 丹珠昂奔（藏族）

《维吾尔族》 艾克拜尔·吾拉木（维吾尔族）
买力克·买买提（维吾尔族）
伊利迪尔（维吾尔族）

《苗族》 石莉芸（苗族） 李云兵（苗族）

《彝族》 陈国光（彝族）

《壮族》 黄佩华（壮族）

《布依族》 周国炎（布依族）

《朝鲜族》 黄有福（朝鲜族）

《满族》 于今（满族）

《侗族》 杨筑慧（侗族）

《瑶族》 玉时阶（壮族）

《白族》 董建中（白族）

《土家族》 罗中（土家族） 罗午（土家族）

《哈尼族》 朱志民（哈尼族） 李泽然（哈尼族）

《哈萨克族》 艾克拜尔·米吉提（哈萨克族）
伊拉达·拉音别克（哈萨克族）

《傣族》 赵瑛（傣族）

《黎族》 罗文雄（黎族）

《傈僳族》 鲁建彪（傈僳族） 欧光明（傈僳族）

《佤族》 郭锐（佤族）

《畲族》 钟亮（畲族）

《台湾少数民族》 林华（台湾少数民族）

《拉祜族》 苏翠薇（拉祜族）

《水族》 韦学纯（水族）

《东乡族》 马兆熙（东乡族） 马自祥（东乡族）

《纳西族》 白庚胜（纳西族） 孙淑玲（汉族）
白羲（纳西族）

《景颇族》 金黎燕（景颇族）

《柯尔克孜族》 阿地里·居玛吐尔地（柯尔克孜族）

《土族》 祁进玉（土族） 东永学（土族）

《达斡尔族》 毅松（达斡尔族）

《仫佬族》 黎学锐（仫佬族） 黎炼（仫佬族）

《羌族》 雍继荣（羌族） 罗吉华（羌族）
周发成（羌族）

《布朗族》 陶玉明（布朗族）

《撒拉族》 马成俊（撒拉族） 马建新（撒拉族）

《毛南族》 韩德明（汉族）

《仡佬族》 周小艺（仡佬族）

《锡伯族》 阿苏（锡伯族） 盛丰田（锡伯族）
何荣伟（锡伯族）

《阿昌族》 们发延（阿昌族） 张斯齐（蒙古族）

《普米族》 朱凌飞（汉族） 杨周明（普米族）

《塔吉克族》 西仁·库尔班（塔吉克族）
阿力木江·西仁（塔吉克族）

《怒族》 李月英（傈僳族） 张芮婕（傈僳族）

《乌孜别克族》 古丽巴努木·克拜吐里（维吾尔族）

《俄罗斯族》 乃珂热曼·依布拉音（塔吉克族）

《鄂温克族》 黄任远（汉族） 那晓波（鄂温克族）

《德昂族》 袁丽华（汉族） 王燕（汉族）

《保安族》 马少青（保安族）

《裕固族》 董潇红（裕固族） 王政德（藏族）

《京族》 吕俊彪（汉族）

《塔塔尔族》 卡米力·库尔马尤夫（塔塔尔族）

《独龙族》 李金明（独龙族）

《鄂伦春族》 王为华（汉族）

《赫哲族》 黄任远（汉族）

《门巴族》 陈立明（汉族） 张媛（汉族）

《珞巴族》 陈立明（汉族） 李锦萍（汉族）

《基诺族》 朱映占（汉族）

总序

中国是一个统一的多民族国家。几千年来，有着悠久历史和灿烂文化的少数民族，与汉族一道，在中华大地上繁衍生息，共同开发着这块土地，建设、发展、捍卫着这个古老而伟大的国家。各民族都是兄弟，相互离不开，都是这个国家的主人。习近平总书记在第二次中央新疆工作座谈会上发表重要讲话，指出：“要坚定不移坚持党的民族政策、坚持民族区域自治制度。民族团结是各族人民的生命线。要高举各民族大团结的旗帜，在各民族中牢固树立国家意识、公民意识、中华民族共同体意识，最大限度团结依靠各族群众，使每个民族、每个公民都为实现中华民族伟大复兴的中国梦贡献力量，共享祖国繁荣发展的成果。各民族要相互了解、相互尊重、相互包容、相互欣赏、相互学习、相互帮助，像石榴籽那样紧紧抱在一起。”“要在各族群众中牢固树立正确的祖国观、民族观，弘扬社会主义核心价值体系和社会主义核心价值观，增强各族群众对伟大祖国的认同、对中华民族的认同、对中华文化的认同、对中国特色社会主义道路的认同。”因此，坚持平等、团结、互助、和谐的社会主义民族关系，不断增进了解，深化友谊，建立牢不可破的感情基础，是中国社会转型期、改革攻坚期、矛盾多发期保持社会稳定、发展的基本要求，也是实现中华民族伟大复兴的中国梦的基本要求。

为了进一步宣传我国少数民族的历史文化和民族风情，增强对少数民族的认识，宣传党的民族政策和方针，加深对党的民族政策的理解，加强各民族之间的了解与沟通，让读者了解少数民族，中华人民共和国国家民族事务委员会文化宣传司和辽宁民族出版社共同组织了《走近中国少数民族丛书》。

《走近中国少数民族丛书》的编写有以下三个特点：第一，采用图文并茂的形式、鲜活生动的语言、特色浓郁的图片与丰富的民族常识链接，向读者展示我国55个少数民族的历史渊源、民族变迁、社会生活、文化艺术、风俗习惯、历史人物和民族区域自治政策的伟大实践。第二，作者多为本民族的专家学者和与民族研究工作相关的专家学者，对自己撰述的对象既有深厚的知识积累，也有真挚的情感。第三，内容彰显了历史与现实、民族文化与地域文化、民族区域自治地方与散杂居地区少数民族生产生活的多彩画卷和轨迹，引导读者走近少数民族，聆听他们的古老传说，感受他们的发展变化，加深彼此的沟通和了解。这套《走近中国少数民族丛书》是面向民族干部和各级干部通览我国少数民族概况的普及读本，也是图书馆的必备藏书。

《走近中国少数民族丛书》所揭示的每一个民族的历史，都承载着这个民族的文化，也承载着这个民族的发展和未来。中华大地孕育的55个少数民族多彩斑斓的民族文化，同汉族文化一道从远古走到今天，汇入了中华文化壮阔的历史长河。“共同团结奋斗，共同繁荣发展”，保护、传承和弘扬少数民族优秀文化，不仅是推动我国民族团结进步事业的重要内容，也是构建和谐社会、实现中华民族伟大复兴的中国梦的重要使命。期待通过《走近中国少数民族丛书》，使广大读者徜徉于少数民族多彩风情的同时，更加深刻地了解和认知中华民族多元一体的文化内涵，感受中华民族悠久历史的深远与厚重。

丹珠昂奔

2014年6月26日

前言

阿昌族 “水稻之王”和“阿昌刀”的主人

阿昌族，2010年人口为3.96万人。主要聚居在云南省德宏傣族景颇族自治州的陇川县、梁河县，尤以陇川县的户撒，梁河县的九保、曩宋三个阿昌族乡最为集中，此外，在潞西、盈江、龙陵、腾冲、云龙等地也有零散分布。

汉文文献记载，阿昌族有“哦昌”“蛾昌”“峨昌”等读音相近的名称。中华人民共和国成立后，根据本民族的意愿，通称为“阿昌族”。

阿昌族源于古代的氐羌族群。唐代以前氐羌族群逐渐南迁，其中有一支阿昌族的先民南迁到滇西北的金沙江、澜沧江和怒江流域一带。后来，一部分迁至怒江西岸，即古代称作“寻传”的地区，史籍称之为“寻传蛮”。公元13世纪左右，这部分先民南迁定居于今陇川县户撒坝子，另一部分沿大理云龙、保山腾冲一带迁徙，最后定居于梁河地区。

阿昌族居住地域，大约东起云南省大理白族自治州，北抵怒江傈僳族自治州，西至德宏傣族景颇族自治州与缅甸接壤。这里高黎贡山和怒山余脉纵贯南北，澜沧江和怒江顺山势蜿蜒南下，形成山脉与河流相间，高山峡谷区和山间盆地交错，属亚热带湿润区。一年中干湿季节分明，气候温和，全年平均气温在18.3℃~19.9℃，无霜期长达326天以上，雨量充沛，年平均降雨量在1 500毫米左右。江水奔腾湍急，水力资源丰富。纵横绵延的高山上，覆盖着茂密的森林，栖息着马鹿、麂子、獐子、野猪、孔雀、锦鸡、鹁鸪等珍禽异兽。在低洼潮湿的山坳里生长着名贵的中草药材。这里矿产资源丰富，有煤、铁、铜、铝、锡、云母、石墨、硫黄等。山间盆地气温较高，雨量充沛，河谷平坝土质肥沃，适宜各种亚热带农作物生长。

在原始时期，阿昌族先民以采集、狩猎为主要经济活动，后来才逐渐种植谷物，开始了农业生产。《蛮书》卷四有关于“寻传蛮”的记述，“俗无丝绵布帛，披波罗皮，跣足”，“持弓挟矢，射豪猪，生食其肉”，妇女“入山林，采拾虫、鱼、菜、螺蚬等归啖食之”。明清以来，阿昌族经济得到发展，主要从事农业，种植稻、麦、玉米、豆类等，经济作物主要有烟草、茶叶、甘蔗等。水稻不仅品种多，而且质量优，梁河地区的“毫安公”品种，曾号称“水稻之王”。稻谷的种类有大谷、旱谷、白谷、糯谷四种。其中大谷谷壳呈黄黑色，米粒呈红色，为优良品种。阿昌族还善于种植烟草，并长于加工。户撒烟叶肉质厚，烟味醇，加工的烟丝柔软金黄，丝长，有光泽，深受消费者的欢迎。

阿昌族的手工业较为发达，门类有冶铁、酿酒、榨油、纺织、染色、编制竹器等。冶铁历史悠久，技术高超。其产品以阿昌刀（户撒刀）著称于世，具有“炼极精纯，柔可绕指，剁铁如泥”性能。其品种有背刀（长刀）、腰刀、藏刀、匕首、宝剑等。其中长刀最受滇缅边境各族男子所喜爱，既是显示英武的装饰品，也是农耕伐木的生产工具和防身武器。另外，银器、刺绣、编织品等手工业产品都很有名。

与多山多雨多树木的自然环境相适应，阿昌族的房屋建筑格局多为“一正两厢房”形式，瓦铺盖的双斜面房顶，便于雨水流畅，用木料穿斗镶装成房架和屋壁，用土坯砌成围墙，便于挡风御寒。正房对面或两侧屋下设置畜栏。另外，坝区的房屋也有砖瓦、木石结构的四合院建筑。正屋有三间屋子，两边屋子住人，中间的一间由门厅“屋门”和堂屋两部分组成。堂屋是接待客人和摆桌吃饭以及全家人共同活动的场所，设有“家堂”、烛台、火塘等。正房前面两侧建厢房。厢房一般为两层式楼房，铺木板，楼上住年轻人或者堆放粮食和其他生活资料，楼下为畜栏，有的也把厨房设在厢房下面。一般由20~50户人家组成一个自然村落。村寨依山近水，民居依山势而建，布局错落有致，寨间交通要道一般都是石板或碎石路，往来方便。

阿昌族以大米为主食，辅以薯类、蔬菜和肉类，善用大米制成“米线”而食，有嚼烟的习惯。喜欢吃腌腊肉、干牛肉以及腌菜、腌竹笋等酸性食品。还喜欢喝自酿的米酒和白酒。白酒用糯米饭加甜酒曲发酵制成，味道香甜可口，生津解渴，是一种十分诱人的饮料。男子服饰为蓝、白、黑色对襟上衣，黑色长裤，喜佩腰刀和长刀。已婚妇女穿自织的素色或织花筒裙，穿对襟上衣，包黑布包头。其中，梁河阿昌族已婚妇女的包头造型高昂雄伟，足有半米多高。未婚妇女穿长裤，上身为浅色对襟上衣，盘辫。逢年过节，妇女们都要佩戴银饰，青年妇女在并排的四颗银钮扣上挂着四根长长的银链，腰间系的银链拴一小银灰盒，还要戴银项圈、银耳环。节日有“窝罗节”“会街节”“火把节”“尝薪节”“浇花水节”等。

阿昌族有许多丰富多彩的口头文学，如歌谣、故事、传说等。《遮帕麻和遮咪麻》是一部创世史诗。叙述了远古的时候，阿昌族始祖遮帕麻和遮咪麻开天辟地，创造人类，教人类耕田种地、纺纱织布、战胜自然灾害的动人事迹，是研究阿昌族古代文学、哲学、社会思想的重要资料。阿昌族喜爱唱山歌。男女青年对唱情歌，往往通宵达旦。

阿昌族的语言属汉藏语系藏缅语族缅语支，分为陇川、潞西、梁河三种方言。无本民族文字，使用汉文。也有不少人懂傣语和景颇语。

阿昌族普遍信仰小乘佛教，陇川县户撒地区几乎每个寨子都有一座“奘房”（佛寺）。此外，万物有灵的原始宗教仍保留在阿昌族日常生活里。

阿昌族人民勤劳勇敢，除了与各族人民一道共同开发了祖国的边疆地区，共同缔造和丰富了祖国的文化之外，千百年来，阿昌族人民对统治阶级的压迫和剥削，多次举行武装起义，进行了不屈不挠的斗争。特别是在19世纪80年代，英帝国主义侵入德宏陇川边境时，以及抗日战争时期，阿昌族人民纷纷参加各族人民组织的武装队伍，驱逐侵略者，捍卫了祖国的边疆，为边疆的巩固和发展做出了贡献。

中华人民共和国成立后，1952年梁河成立了民族民主联合政府，户腊撒成立了相当于区级的阿昌族自治区，潞西县高埂田、梁河县丙界和关璋成立了三个阿昌族自治乡。20世纪80年代以后，改设曩宋阿昌族乡、九保阿昌族乡和户撒阿昌族乡。通过和平协商和民主改革以及民族乡的建立，扩大了本民族当家做主的权利，推动了社会文化事业的进步与发展。

目录

总序 ………… 001
前言 ………… 003
第一章　阿昌族历史 ………… 011

族称族源 ………… 012
反帝反封建斗争 ………… 014

第二章　阿昌族经济生活 ………… 019

农业与手工业 ………… 020
民间医药 ………… 027
交通运输 ………… 028
居住 ………… 029

第三章　阿昌族宗教信仰 ………… 033

原始宗教 ………… 034
小乘佛教 ………… 041
道教 ………… 045

第四章　阿昌族人生礼仪 ………… 047

婚姻 ………… 048
家庭 ………… 054
家族组织 ………… 055
生育 ………… 056
丧葬 ………… 060

第五章　阿昌族服饰 …… 065
服装 …… 066
头饰 …… 071
腿饰和服装佩饰 …… 073
银首饰和镶牙套 …… 075

第六章　阿昌族饮食 …… 079
主食、副食和饮料 …… 080
进餐习俗和饮食礼仪 …… 084
燃料、炊具和餐具 …… 087

第七章　阿昌族节日 …… 089
窝罗节 …… 090
会街节 …… 091
尝新节 …… 093
火把节 …… 094
浇花水节 …… 094
阿露窝乐节 …… 095
其他节日 …… 096

第八章　阿昌族文学艺术 …… 101
民间文学 …… 102
艺术 …… 109

第九章 阿昌族教育体育娱乐游戏 117

民间传统教育和现代学校教育 118
民间体育活动 119
娱乐游戏 123

第十章 阿昌族民族乡 127

户撒阿昌族乡 128
曩宋阿昌族乡 132
九保阿昌族乡 135

第十一章 阿昌族人物 139
传说人物早慨 140

爱国忠臣左孝臣 140
劳动模范曹依秀 140
民族上层人士赵启国 141
革命老前辈项老佐 141
抗日名将赵安顺 142
民兵模范们生祥 142
全国民族团结进步先进个人赵家培 143
左绍钧 143
穆光荣 144
银恩铭 144
先进工作者雷翁团 145
“巾帼建功三八红旗手”孙春兰 146

气象学科带头人闫敬华 146
德艺双馨中青年艺术家曹先强 147
主任医师张益俊 148
“活袍”赵安贤 148
民间歌手赵安培 149
“户撒两把刀”滕茂芳 149
“户撒刀王”项老赛 150
参考文献 151
图片提供者 152
后记 153

中国军队将士
同盟国军将士
游击队官兵
南洋华侨机工
各民族人民
永垂不朽

第一章
阿昌族历史

阿昌族的历史源远流长，源于古代的氐羌族群，是云南境内最早的土著民族之一。有自己的语言，无本民族文字。族名“阿昌”系本民族的自称。勤劳勇敢的阿昌族与各民族一道，进行过不屈不挠的反帝反封建斗争，共同维护了祖国统一，保卫和开发了西南边疆，缔造和丰富了祖国的文化。

族称族源

阿昌族历史悠久，是我国云南境内最早的土著民族之一。汉文文献记载，阿昌族有“峨昌”“蛾昌”“萼昌”“阿昌”等读音相近的名称。由于居住地区不同，又有“蒙撒”“傣撒”“阿昌”“汉撒”等不同的自称。中华人民共和国成立后，根据本民族的意愿，通称为“阿昌族”。

阿昌之源——仁山

阿昌族语言属汉藏语系藏缅语族缅语支，分为陇川、潞西、梁河三种方言。无本民族文字，使用汉字。由于与汉、傣、景颇等民族的相互交往，所以绝大多数人会讲汉语，也有不少人懂傣语和景颇语。

阿昌族源于古代的氐羌族群。唐代以前氐羌族群逐渐南迁，其中有一支阿昌族的先民南迁到滇西北的金沙江、澜沧江和怒江流域一带。后来，一部分迁至怒江西岸，即古代称作“寻传”的地区，史籍称之为“寻传蛮”。后来，他们逐渐南移，公元13世纪左右，这部分先民南迁定居于今陇川县户撒坝子，另一部分沿大理云龙、保山腾冲一带迁徙，最后定居于梁河地区。

阿昌族地区风光

知识链接 据清代《云龙记往·阿昌传》中记载，大约公元2世纪，阿昌族先民“刀耕火种”，迁徙无常，每一山有五六家或七八家，多不过十余家，亦不屯聚，庐舍率隔百步或半里，酋长名曰头人，凡一山所居，有膂力过人与善射能走者，即自为之，不相统属。无官职，亦无赋役，男女婚配，无媒，听自择，不计同辈尊卑。不知岁月，耕种皆视花鸟，梅花一开以记年，野靛花十二年一开以记星次，竹花六十年一开以记甲子。约在公元3世纪，酋长早慨首订阿昌酋长铁券，无券，不得擅立，又定酋长为长子继承，开始了世袭制。早慨以后十余世，阿昌先民日益强盛，与金齿国等皆通商。

阿昌山寨、田地

唐宋时期，阿昌族地区属云南南诏、大理政权管辖，早疆酋长受大理王段氏诰命，同时大理王段氏征收岁贡。元代，阿昌族地区在云南行省所辖金齿宣抚司的镇西路（今盈江一带）、平缅路（今陇川一带）、柔远路（今怒江地区）和南赕（今盈江西北）等地的管辖之内。明清两代在德宏地区实行土司制度，阿昌族地区在干崖、南甸、猛卯、潞江诸土司的统治之下。民国时期，云南地方军阀在阿昌族地区设立设治局，推行保甲制度，改头人为保长，在自然村分设甲长。

中华人民共和国成立后，1952年梁河成立民族民主联合政府，户腊撒成立了相当于区级的阿昌族自治区，潞西县高埂田、梁河县丙界和关璋成立了三个阿昌族自治乡。20世纪80年代以后，改设曩宋阿昌族乡、九保阿昌族乡和户撒阿昌族乡。通过和平协商和民主改革以及民族乡的建立，扩大了本民族当家做主的权利，推动了社会经济文化事业的进步与发展。

反帝反封建斗争

世居边疆的阿昌族与各民族一道，共同开发了祖国的西南边疆，共同缔造和丰富了祖国的文化。然而，在中华人民共和国成立之前，阿昌族地区深受封建领主制度的残酷压迫剥削和帝国主义的野蛮侵略。为此，勇敢的阿昌族人民与各民族一道，前仆后继，进行了不屈不挠的反帝反封建斗争，共同保卫了祖国西南边疆，维护了祖国统一，书写了民族斗争史。

反抗封建剥削和压迫斗争

阿昌族人民多次进行武装起义，反对封建领主的压迫和剥削。早在公元1660年，户撒爆发了以杨五为首的反封建压迫的斗争。1725年梁河河西爆发了包括阿昌族在内的农民起义，取得了划归腾越流官管理的胜利。1769年，户撒阿昌族起义，迫使清政府撤换了土司。1793年，阿昌族人民发动了反抗封建领主压迫和剥削的武装起义，包围了户腊撒的土司衙门，击毙了土司盖荣邦，斗争一直持续了三个多月。清朝地方政府闻讯后立即派兵前来镇压，同时指责户腊撒土司苛派过重，因而加以一定限制，明文规定革除日用柴、肉、婚丧等费用，令其不得再向群众摊派。19世纪中叶，干崖（今盈江）土司与陇川土司发生械斗，户腊撒的阿昌族成年男子被干崖土司强征去参加与陇川土司的械斗，结果绝大部分惨遭伤亡，受难者家属组织起来向干崖土司讨还血债，控诉土司罪行，与土司进行了旷日持久的斗争，迫使两地土司让步，赔偿了死难家属的损失。

公元1856年，云南大理等地爆发了回民反抗清朝民族压迫的武装起义。阿昌族人民与各族人民一道，也投入了这次斗争。起义军攻占了大理并继续向各地推进，与清朝地方封建势力展开激烈斗争。

反抗帝国主义殖民入侵的斗争

鸦片战争以来，阿昌族地区逐渐沦为帝国主义的殖民地。19世纪50年代，英帝国主义强占邻邦缅甸后，又妄图开辟至中国长江流域的走廊。公元1875年，英国驻华公使派翻译官马嘉理前往云南中缅边疆接应英殖民当局派遣的以军官柏郎为首的武装探测队。马嘉理在进入云南西部后沿途秘密收集情报，并公开测绘地形图。他的所作所为，遭到了当地各族人民的强烈反抗和谴责。马嘉理到缅甸后，与柏郎策划准备入侵云南。1876年2月，马嘉理率领部分侵略者从盈江曼允侵入中国。这一地区的阿昌、景颇、傣、汉等民族人民将其包围，令其退出境外，马嘉理等公然向群众开枪，各族人民忍无可忍，一举将马嘉理及其所率侵略者截杀在户宋河边，并于翌日清晨击溃了柏郎殖民军，使英帝国主义的侵略阴谋未能得逞。这就是中国近代史上著名的云南边疆各民族反抗英帝国主义侵略祖国西南边疆的“马嘉理事件”，又称“滇案”。

1900年，英帝国主义又入侵腾冲北部阿昌族居住区，枪杀各族人民，烧毁明光等村寨。阿昌族茨竹隘土守备左孝臣率领阿昌、景颇、傈僳、汉等族群众奋起抵抗英国侵略者，但因敌强我弱，终于失败。各族群众137人壮烈牺牲，左孝臣也光荣殉职。

三眼井狙击战遗址

抗战纪念碑

抗日战争时期，面对日本帝国主义的武装入侵，阿昌族人民为了保卫祖国边疆领土，同侵略者展开了顽强的斗争。1937年，抗日战争爆发，日本帝国主义妄图占领整个东亚地区。1942年，日本侵略者占领缅甸，并沿着滇缅公路长驱直入，占领了德宏地区，阿昌族人民临危不惧，与各民族一道开展多种形式的抗日战争，他们用自己制造的长刀、斧头、地弩以及从外购置的枪支弹药，活动于森林、交通要道里，伏击敌人，消灭了日军的大量有生力量。滇西抗日战争进入反攻后，阿昌族和当地各民族人民积极支持配合抗日部队，终于取得了整个滇西抗日反攻的胜利，为中国的抗战史写下了光辉的一页。

迎接人民解放军

1943年，户腊撒的阿昌族和各民族人民一起，又一次掀起反抗土司压迫剥削的武装起义，起义群众包围了土司衙门，迫使土司潜逃陇川，并向陇川土司和设治局求援。他们出动大批军队前来镇压，阿昌族人民不畏强暴，坚持斗争五昼夜，终因寡不敌众而失败。这次武装起义集中反映了阿昌族人民反封建的信心和决心。

1949年底，阿昌族人民展开了最后一次反抗封建统治的斗争。当时，全国面临解放，可是户腊撒土司积极蓄兵备粮，大肆搜刮民财，强行拉壮丁，以充实土司反动势力，企图抵制人民解放事业。阿昌族人民在全国解放形势的鼓舞下，纷纷拿起武器，与封建土司进行顽强的斗争。1950年初，阿昌族群众武装围攻土司署，经过三昼夜激战，全歼土司署守兵。与此同时，阿昌族人民推派了三位代表，前往腾冲迎接人民解放军。不久，中国人民解放军进驻德宏地区，阿昌族地区获得了解放。

第二章 阿昌族经济生活

阿昌族的农业和手工业发达，很早就开始了农业生产活动，打制铁器和银器制作历史悠久，技艺精湛。从经济文化类型上看，阿昌族最初以采集、狩猎为主要经济文化类型。汉文记载，当时的经济文化景观为“好居高山，刀耕火种”。随着社会的发展，才开始逐渐进入了犁耕农业经济文化类型阶段。宋元时期，阿昌族开始从事和发展犁耕农业，种植水稻。在农业生产中能使用20余种铁农具，并用牛耕。种植的水稻品种多，米质优良，阿昌刀“炼极精纯，柔可绕指，剁铁如泥”，阿昌族被称为“水稻之王”和“阿昌刀”的主人。

农业与手工业

农业

在原始时期，阿昌族先民以采集、狩猎为主要经济活动，随着社会的发展才逐渐种植谷物，开始了农业生产。明清以来，阿昌族经济得到了发展，主要从事农业，种植水稻、小麦、玉米、豆类等。经济作物主要有烟草、茶叶、甘蔗等。水稻品种多，米质优良，种类有大谷、旱谷、白谷、糯谷四种，其中大谷谷壳呈黄黑色，米粒呈红色，为优良品种。

割稻子

水稻种植　在水稻的种植方面，阿昌族总结出了一种寄秧的栽培方法，即在秧苗栽培后的20天左右，再次拔起掐去老须根再

打谷

插进稻田，经过两次栽植的秧苗，生长肥壮，产量增高。阿昌族重视水稻的选育和田间管理，稻田讲究“三犁三耙”和“深翻细耙”，用“水选法”进行选种，即把稻种浸没水中，以沉在最底层的稻谷做种。秧苗栽下到成熟结谷，要除三次草，施三道肥，割一次梗。

知识链接 居住在坝区的阿昌族还掌握了一年两熟的“双季稻”种植技术，水稻产量和质量有很大提高，梁河地区的“毫安公”品种，曾号称“水稻之王”。

▲ 阿昌族烤烟房

种植烟草 阿昌族还善于种植烟草，并长于加工。阿昌族已有400多年的种烟历史，烟农经验丰富，方法独特，选当阳风坡地，采用隔年轮休的方法进行栽种。用农药拌猪粪栽烟苗，苗长高后，再用猪粪和鸡粪追施两次肥，同时掐去烟树顶尖，不留烟花，使烟叶长得大小一致，重量基本相等，收割时，采用从根部往上的采摘方法。“脚无黄叶，顶无烟花”是阿昌族烟草的特点。

生产工具 阿昌族的生产以农业为主，使用的工具以铁质为主，辅以竹、木、石制农具。种类有农业生产工具，如犁、耙、锄、镰、刀、斧等；粮食加工工具，如磨、碓、碾等；粮食储藏工具，如木板仓房、土仓房、谷囤、竹篾筐等；打铁工具，如木制风箱和铁、泥、石混合做成的火炉、铁锤、铁钳、铁枕等。

◀ 采茶的阿昌族女青年

犁是阿昌族的主要翻土工具，由木制犁架和铁制犁铧构成。犁架又由犁沿、犁底和犁剑组成，犁沿呈弯形，是拴牵引绳的地方，用于牵引。耙有脚耙、手耙之分，多为木架，铁、竹木耙齿，主要用于碎土和平整田地。

锄有挖锄和薅锄两大类。挖锄又分板锄和条锄两种，都是木柄铁锄式，条锄嘴尖窄，主要用于挖掘碎石子多的硬质田

阿昌刀

磨面

地。薅锄较小，主要用于清除杂草。

刀的种类繁多，有长刀、砍刀、腰刀、匕首、宝剑、镰刀等，其中以长刀和砍刀的用途最为广泛，它既是农耕伐木的生产工具和家庭用具，又是防身的武器。

粮食加工工具 磨和碓是阿昌族传统的粮食加工工具。磨多为石磨，由磨座和磨盖组成，磨座磨盖相接触处凿刻有斜齿纹路，磨盖中央通有一孔，用于置放所磨制的粮食，磨座上连有槽，用于接磨出的粮食面。石磨主要靠人力推动。碓是用一段长巨木做成的，如同跷跷板状，在五分之二的长度处横穿一块木头，并分别把木头两端固定在木桩上，一头是专门让人踩的，另一头五分之一的地方对准碓窝处再装一根棒头，人从这一头踩下去，那一头就翘起来，脚一放开，那一头的棒头就舂到下边的石臼里。一起一落，循环往复，就把碓窝里的谷子舂成米，把米舂成面了。

曩宋阿昌族乡关章村，近年大量种植甘蔗，逐步改稻谷梯田为台地

现在传统的农耕和粮食加工工具，已基本被现代化的电动机械工具，如电动犁田机、耙田机、粉碎机、碾米机等代替。

手工业

阿昌族的手工业门类有冶铁、酿酒、榨油、纺织、染色、编制竹器和银器制作等。

榨糖机

阿昌刀 阿昌族的冶铁历史悠久，技术高超，而且寨与寨间形成细密分工，各有自己的名牌产品。早在明代初期，阿昌族就学会了铸制刀剑的技术。阿昌刀炼极精纯，柔可绕指，剁铁如泥，技术精巧。

“阿昌刀”制作过程主要由选料、捶打、开槽、刮磨、淬火等几道工序组成，采用的工具有木制风箱，铁、泥、石混合做成的火炉，以及锤钳、铁枕等。制刀时，选用保山一带出产的钢材，放到炉火中加热、锻打、削刮成刀坯后，再蘸水淬火。淬火技术要求很高，刀剑质量的好坏，往往取决于淬火技术的高低，有一种薄韧可弯的背刀就是蘸水经过香油回火，反复加工打制成的，这种刀平时系在腰间当腰带，遇险解下，自然伸直，可以出奇制胜。

阿昌刀种类繁多，工艺特别，有背刀（长刀）、砍刀、腰刀、藏刀（专为藏区生产）、匕首、宝剑等近百种花色品种，工艺方面背刀（长刀）和藏刀最为精巧和典型。花钢背刀采用红、白铁皮和青钢混合打制而成，具体为红铁皮一层，白铁皮一层，

打刀

阿昌刀

叠起，然后烧化铁皮的表面让它们沾成块铁条，刀背上青钢，打成刀形后，把它铲白，磨光滑，刀面上就会呈现出红、白、青三种颜色，花钢背刀由此得名。花钢背刀刀体美观，刀口锋利，深受滇缅边境各族男子青睐，既是显示英武的装饰品，也是农耕伐木的生产工具和防身武器。藏刀宽而厚，工艺精巧，长短不一。

> **知识链接** 阿昌刀的刀把和刀鞘多用楠木加工而成，有的也用铜、银加工，上镌刻装饰有“猛虎长啸”“飞燕迎春”“东山日出”“十二属相”等精制图案花纹，佩挂在身上是一种艺术品。

2006年，阿昌刀锻制技艺经国务院批准列入第一批国家级非物质文化遗产名录。

银饰品 阿昌族不仅善于制作闻名的阿昌刀，还善于精心制作各族妇女喜爱的银饰品，其种类有银镯头、银项圈、银钮扣、银泡花、银耳环、银戒指、银腰链、银刀壳、银刀把等，共有30多个品种。

银饰

加工银饰品的方法主要有“板件”和“拉丝”两种。板件，即把银子化成银条，然后碾压成片，再按要求分割成大小不等的银块。然后把银块焊接成各种式样，再用软金属做内衬，雕成各种花纹图案后，把软金属取下，银饰品即做成。拉丝加工法是把化出的银子碾压成圆条，在不同的丝母上刻图纹，其余搓丝。“板件”和“拉丝”工序的关键在于化银子上。化银的碗要固定稳，化银时不能让银水泼出，不然会降低火力，化不好银子。化银时的温度要保持在900℃~1 000℃之间，这样化出的银水才能适合加工各种银饰品。

制作银手镯

知识链接 搓丝就是把八根银丝扭成一股，扭好后用钳子把银丝捏成花纹部件，再把各种部件拼拢通过焊接成为各种各样的花形。

在加工的各种银饰品中，以“二龙抢宝”耳环和圆筒镶花手镯的制作技术最有特色。“二龙抢宝”耳环，所用配件细小，技术难度大，要先把拉好的银丝碾成扁形，再扭成麻花状，然后在板模上弯曲成各种部件，把各部件口焊拢，进行压型，压好型把各部件拼成“二龙抢宝状”。圆筒镶花手镯，中间细、两端粗，口呈喇叭形，表面镶有突起的花纹图案。其制作方法是先抽银丝，然后把圆的银丝锤扁，再把两股扁的银丝合搓成一股有齿状的银丝，接着在花板上做成各种花纹图案，最后焊在镯头上。这样精美独特的银饰品就算做成了。

中华人民共和国成立后，阿昌族地区的工农业生产得到进一步发展。工农业产品的购销业务逐年扩大，商业网点和商业机构

银盒

藤编盒子

银镯

有了大幅度增加。农业生产由自给半自给的传统生产开始向商品生产和现代化农业生产转化。工业从新中国成立初期的铁匠炉、小作坊发展到以制糖工业为主，包括农业机械，煤、锡、采掘、制茶、粮油加工等行业。商业从以农村集市贸易发展到向国内外销售和出口商品。主要出口的商品有茶、干姜片、白嘴豌豆等。近几年来，阿昌族地区边境贸易发达，梁河境内设立了囊宋、遮岛、芒东、勐养四个边民互市区，并设有热水塘边境贸易联合检查站。

阿昌族妇女纺织

阿昌族传统织布

民间医药

阿昌族居住环境炎热潮湿，病菌容易滋生和传染。长期以来，人们总结出了一些治疗疾病的知识技能。例如用“放血疗法”治疗内热外感，浑身不适；用“痧疗法”治多种头痛和关节痛等；还常用野薄蒿、芸香草、荷香、木通、茅草根、紫草、黄连、黄芩等野生植物配成草药，医治相应的疾病。

“放血疗法”简单实用，先用线绳把要放血的手指缠裹紧，再用高温消毒后的缝衣针或植物尖刺，穿刺手指尖，让血滴出即可。

“痧疗法”包括“刮痧法”“撮痧法”“挑痧法”和“放痧法”等，是应用光滑的硬物器具或用手指、金属针具等，在人体表面特定部位（一般为前额、颈、肩、背、手腕、胸等部位），反复进行刮、挤、揪、捏、刺等物理刺激，造成皮肤表面瘀血点、瘀血斑或点状出血。通过刺激体表脉络，改善人体气血流通状态，从而达到扶正祛邪、排泄瘀毒、退热解凉、开窍益神等功效。“刮痧疗法”对改善人体血液循环、促进细胞代谢、增强机体免疫力等有特别功效，对许多疾病也有防治作用。

皮制药筒

知识链接 阿昌族刮痧疗法常用的器具有苎麻、硬币、瓷碗、瓷勺、铜钱、牛角等。为了减少刮痧时的阻力，避免皮肤的擦伤和增强疗效，在刮痧时常使用香油、温水、白酒等作为润滑剂。

阿昌族民间有一传统的药浴疗法验方，其主要成分为：大风草、九里香、蔓荆子、小荨麻、蛇床子、伸筋草、蒲公英、金银花、芸香草等，另外可适量加入薄荷、青蒿、芒硝、硫黄等。此方主要功能为行气、活血、祛风、除湿、疏肿散瘀、解毒、杀虫。主治风湿脾痛、跌打损伤、血瘀肿痛、热毒痱疹、皮肤麻木等。产妇满月时均要用此方煮水洗浴，对预防和治疗乳腺炎、尿路感染、皮肤瘙痒等效果较好。

现在，阿昌族地区建立了医院、卫生防疫站、妇幼保健所等，有了正规医学院毕业的本民族大学生，已经初步形成了医疗卫生网，医疗水平得到很大提高。

交通运输

阿昌族地区以公路和山间小道与外界发生联系。平坝和半山间的阿昌族地区，交通较为便利。陇川户腊撒的东西南北，均有公路通行，是陇川和盈江两县往来的交通要道，其南面直接与缅甸八莫相通。20世纪50年代以前，阿昌族地区的交通工具主要是马、骡和黄牛。驯服后的马、骡和黄牛，能负重，适用于山路运输。早期时，阿昌族村寨均有“马帮”和“牛帮”，往往是数十

骑摩托车的阿昌族青年

匹马骡或黄牛，组成一个“马帮”或“牛帮”，由三四个人员负责管理，专门用来驮运谷物和其他商品。现在用“马帮”和“牛帮”运输的现象已不存在，但用马、骡和黄牛驮运货物的习俗仍保留着。通公路的地方大多以汽车和拖拉机做交通工具。

劳动归来

另外，人力运输是阿昌族交通运输的主要传统方式。

居住

居住环境与村落布局

阿昌族大多居住在半山半坝地区，村子一般依山近水，居住形式大多以数十户人家同居一村，村落布局依山势而建，错落有致，房屋建筑“面东背西”。密集的房屋自然形成有规律的行列，行列间是纵横交错的石铺路和泥路“巷道”。寨间交通要道也都用石板或碎石铺成，往来方便。

阿昌族村落

民居的类型、结构及附属设施

与多山多雨多树木的自然环境相适应，其房屋建筑大多为“一正两厢房”，瓦顶双斜面，土、木、石结构形式。用木料穿斗成房架和屋壁，围墙用土坯、砖块砌成。正房有三间屋子，中间的一间由门厅“屋门”和堂屋两部分组成。堂屋是接待客人和摆桌吃饭的地方，也是全家人共同活动的场所，设有“家堂”、神龛、烛台、长桌、火塘等。“家堂”在堂屋正前方的墙上，上有祖宗、灶君等神位。神位必须经常保持清洁，忌放不洁什物。火塘一般设在堂屋靠左边，不能在中柱的里边，也不能对着中柱。堂屋两边的屋子一般为父母、子女的居室和厨房，二者的位置不太讲究。但厨房多设在右边。正房前面两侧建厢房，厢房一般为两层式楼房，铺木板，楼上住年轻人或者堆放粮食和其他生活资料，楼下为猪圈和牛栏，有的也把厨房设在右厢房下面。

村中水池

阿昌族房屋

正房对面普遍修建照壁，认为它可以避灾挡邪，保佑主人及饲养的畜禽安全，保佑家庭的兴旺发达。另外，因阿昌族居住地区风大雨多，故人们在造屋时砌一堵照壁以避风挡雨。

民居的建造程序与礼仪

阿昌族建房传统用工多是相互帮忙，全村协作，只吃饭而不付酬。建房一般分为“选材备料”“看风水择房基”“动土奠基”“立柱成屋”等几大程序。其中最为重要的是“看风水择房基”。

每家盖新房都要请“懂行”的人来确定建房地点和方位，要做到前有“眼界”后有“靠山”，并根据主人生辰八字和“天干地支”“阴阳五行”推算出破土动工的吉日。忌讳在逢水日和火日动工建房，据说水日、火日建的房子要遭水淹和火烧。另外，新房必须在一年内盖成，否则认为不吉利。

阿昌族一幢普通民居一般需要柱、梁、椽、板、条等木料300多件，墙基石脚料等各种石方1 500多块，房屋山墙土基料约20 000多个土坯，房顶所盖瓦片约10 000块。所以，人们造房时，首先要进行选材备料，备木料、石料、土基料，一般都要好几年的时间才能动工动土、着手建筑。

阿昌族房屋

阿昌族木匠师傅主持的木结构房子

动土奠基时，要择吉日，起房、竖柱、上梁也要择黄道吉日，还要大宴宾客，四方亲朋都携礼前来道贺。在建房活动中，上大梁较重要，多在清晨竖柱上梁，木匠师傅口诵吉利语，大梁中间挂有红布，鞭炮齐鸣，众人齐声祝贺说好。当大梁架到两根中柱间时，木匠师傅要穿上主人买给的新鞋踩梁，边念边踩。房主还要备有特制的糯米粑粑，内塞硬币，点上色彩，让木匠师傅从梁柱上撒向四方及前来祝贺围观的人群中，同时，向下面泼水以示招集四方财宝至此。主人跪在下面正堂梁脚，祭桌前亲戚抬蒸糕、放鞭炮、挂红布、撒钱币，在旁祭献庆贺，祝愿房主家道中兴，吉祥如意。

第三章 阿昌族宗教信仰

阿昌族宗教信仰是阿昌族文化的一种载体，它融汇和映射了民族心理、道德观念和价值取向等，在阿昌族的生产生活中发挥着重要作用。阿昌族普遍信仰小乘佛教，部分阿昌族信仰道教，万物有灵的原始宗教仍保留在阿昌族日常生活里，成为其宗教信仰的一个重要组成部分。

原始宗教

阿昌族的原始宗教主要表现在对自然、鬼神和祖先的崇拜上。他们崇拜的鬼神有天鬼、地鬼和人鬼三种。天鬼包括太阳鬼、月亮鬼、天公（遮帕麻）、地母（遮咪麻）等。地鬼包括神树、藤子鬼、猎神、狼神、毛虫神、土主、山鬼、土地鬼、石神、炉神、孤寡仙人等。人鬼包括家鬼、野鬼等，家鬼又分为大家鬼（阿靠玛）即远祖鬼、小家鬼（阿靠咋）即近祖鬼、“谷期”（守谷仓的瞎眼妇人，死后封为鬼）、寨神（召先）、“榜”（财神）等；野鬼有棒头鬼、“塞们 ”（战神或兵鬼）、“灵”（出嫁之女死后变成的鬼）等，野鬼均被认为是非正常死亡者所变成的鬼。

日月、天地崇拜

阿昌族崇拜太阳神（阿昌语为“版请”）和月亮神（阿昌语为“版当”）。他们认为万物的生长、白天和黑夜的轮回、气候的冷暖变化等都是太阳和月亮造成的，认为有了太阳和月亮，人们才有吃有穿，所以要对太阳神和月亮神给予供奉和祭献。供奉的

阿昌族初一清晨祭祀天地、太阳、月亮神。在院子供桌，露天祭献

地方多在围墙的墙洞里，背朝东方，面向西方，意为太阳和月亮从东方升起，落时光芒仍然照着人们居住的地方。祭处摆一只竹杯，一只花瓶，不时烧香，每天女主人做好早饭先要供一团饭，然后全家才进餐。有的地方祭献太阳神时，还要用一竹筒插在地上，竹筒上端放一块竹篱笆，上立四个小竹筒，四方各立一个，象征东北西南四方。

阿昌族崇拜的天公和地母就是传说中的遮帕麻和遮咪麻。创世神话《遮帕麻和遮咪麻》中说，远古时候没有天，也没有地，只是一片“混沌”。后来“混沌”中闪出白光，就有了明暗、阴阳以及天神遮帕麻和地母遮咪麻。遮帕麻用雨水拌金沙造了太阳，用雨水拌银沙造了月亮，又用各种彩色石头造天，还摘下自己的乳房造了太阳山和太阴山。地母遮咪麻拔脸毛纺线织成地，血流成海河，使大地有了生机。天公和地母结合，造出了人类。遮咪麻又教会了人们刻木记事，用占卜和咒语来驱赶疾病和灾难，遮帕麻教会了人们狩猎、熟食和起房盖屋。后来人类遇到洪水淹没、烈日烤炙的灾难，遮帕麻和遮咪麻又战胜了魔王，补好了天地。阿昌族认为天公遮帕麻和地母遮咪麻是保护所有百姓的崇高神灵。

阿昌族祭祀供品盘

每年农历正月初四举行的传统节日窝罗节，其起源就是为了纪念天公遮帕麻和地母遮咪麻，歌颂他们的恩德。潞西市的阿昌族祭地母。地母祭在大青树下举行，祭时不能动土，不能舂米。他们认为地母是最大的鬼。梁河县的阿昌族称祭地母为祭“土主”（地鬼），说土主有六只手，上面两只手拿着日和月。土主每年要祭三次，第一次是在二月属马日，主要祈求寨子清吉平安。是日，各户都要去一个男人聚餐一顿，全寨禁工一日，并不准外人进寨，违者受罚，认为外人进寨会给村落带来不吉。第二次五月二十八日，祈求保佑牲畜兴旺，祭后商量共同放牧事宜。第三次是六月二十五日，称为保苗日，祈求庄稼丰收。全村齐集祭献。然后将带鸡血和鸡毛的竹片插在每块田里，边插边念咒语祈求丰收和驱逐灾害。

树神、山神、火神和旱神

树神 树神的标志是寨头或寨边长得高大、茂密或古怪的一棵老树。阿昌族每个寨子都有棵神树。神树通常是皂角、杞木、香果、红木、麻栗、黄桑，柞桑树等亦可作神树。皂角树四季常青，四五月间开粉黄色小花，树冠长得高而圆，俗称“团树”。神树前常立一石块为记。他们认为人生病是触犯了树神，须拿鲜花及斋饭，并烧香祭祀，方能得到树神饶恕。

祭树神

山神 阿昌族认为山神是保护山林的，但它有时也咬牛马，被山神咬着的牛马全身不能动弹。若不加以理会，全寨牲畜都会生病，如遇此鬼，过年要耍“狮子”，玩“花灯”，以驱山鬼。

火神和旱神 它们被认为是与天公、地母作对的恶神，如“腊訇”“腊康”或棒头鬼等。它们生性骄横，为狂风闪电所孕育，曾造个假太阳钉在天幕上，不升也不降，造成大地干旱，还倒行逆施，把山上的动物赶下水，将水里的动物赶上山，强令树木倒着长。后来被天公遮帕麻征服。祭祀它们时用一只鸭或一个鸭蛋，做一个木棒，上画土蜂、竹子、树、麂子、马鹿等，与另一小棒摆成丁字形，并诅咒它们“永世不能回来，回来除非石头开花，公鸡下蛋，公牛下犊”。

另外，阿昌族认为山川、巨石、泥土等都有神灵。如泥土鬼秉性恶，冒犯它会引起眼睛疼痛等。

祭祀

祭猎神 猎神通常供在寨子里“塞”或“庙”后的一棵大树下，据说每次打猎前要祭一下猎神，就很容易打到猎物。猎到野兽后必须用兽头祭献猎神。平时每年二月祭一次。

阿昌族除夕晚饭全寨各户去祭祀寨神

祭谷魂 阿昌族认为稻谷也有灵魂。如果谷魂离开了，秧苗就长不好，稻谷就不会饱满，收进仓后不经吃。于是在撒种、栽秧和秋收时都要祭谷魂。通常选择属马日撒种，认为该日撒的种谷穗会长得马尾巴一样长。“开秧门”的头一天，早饭前到田里供斋饭，把花和李子树枝插在首先要栽秧的那块田头，边插边念，祈求稻谷“长得像粉团花一样好，像李子一样饱满，结成团”，然后用左手先插三撮秧。此仪式结束才正式栽秧。“关秧门”时，要在田沟边用剩余的秧苗蘸水洗手脚，表示大家干干净净回家，避免把谷魂带回去。秋收打完稻谷时，早上杀只小公鸡（或用鸡蛋）供在谷堆上，主人磕头念道：“几千几万的谷子出来了。”到晚上再煮个鸡蛋到谷堆前叫谷魂：“不要待在田坝，请回家守谷仓，栽秧又再回田坝来”，念完，拔一蓬谷茬，捡几穗掉在田里的稻谷，插在谷茬上，拿回家放进谷仓。有的人家还在稻谷成熟时选几穗粒大穗长的糯谷挂在家堂上，以酬谢神灵和祖先。

祭“老姑太”　梁河县阿昌族在每年农历三月播种前祭祀一次，八月十五日再祭一次。届时，在堂屋祖先魂位之侧供一根捆着一双穗苞谷的竹棍作为象征物。老姑太又叫“榜”，传说她善纺能耕，还会狩猎捕鱼。她死后，人们便视其为“财神”。主要祭品是她生前爱吃的鹧鸪肉和各种谷物、瓜果、蔬菜。

祭祖先

祭“谷期”　阿昌族认为此神是位守谷仓的瞎眼老太太，死后被供在谷仓里。谷期以一个小竹篮为象征物，内装一个鸡蛋和少许玉米。每年吃新谷时由各户祭祀，祭时换上鲜蛋和新玉米。

祭炉神　阿昌族中铁匠多，开炉打铁前皆要祭神，祈求发财，不要遇到意外和生病。不论走到哪里，一立好新炉，就必得祭炉神，以后才开始打铁。

招魂祭　有人突然患病，家人便认为患者丢了魂魄，老人立即取一碗水，碗口上横一炷香，在患者身上绕几次，然后放在家堂供桌上。向鬼神叩拜祈祷许愿。若病不见好转，则请巫师卜卦。巫师的念祭词主要是赞颂神灵，讨其欢欣。介绍患者病情，并叙述其苦难，判定丢魂地点及原因，确立赎魂所需的祭品及数量。确定了丢魂的方位后，巫师便身背竹篓，内装患者丢魂时穿的衣服及一个熟鸡蛋，手执笊篱，向丢魂地点走去，走到离患者家人能听到喊声之处停步，便开始边喊招魂词边用笊篱往背篓里捞魂。巫师喝问：“某某，魂回来没有？”守在病榻旁者则答道：“回来了！回来了！”巫师一面与屋里人对话，一面回到患者身旁，用笊篱绕患者头三次，再取鸡蛋滚患者全身一遍，最后剥开蛋壳，并让患者吃下。

陇川县户撒一带的阿昌族还采用筲箕法招魂，即在筲箕内放一个盛米饭的篾饭盒，饭盒里再放一个用线缠着的熟鸡蛋，届时由巫婆端着到大门边，右足登门槛，左足踩地，开始叫魂。接着，再到堂屋门边照样喊一遍。为了检验魂回归与否，应请巫师打鱼卦，即取一个盆，放入一对大小差不多的鱼，如果两条鱼游拢在一起，并排而憩，便视为魂已归，否则认为魂魄未归。

祭恶鬼 分为祭大家鬼“阿靠玛”、祭小家鬼“阿靠咋”和祭“灵”以及祭“大恶鬼”等四种。祭“阿靠玛”时，先扎好两个纸人，在其身上有写明代表祖宗夫妇的名字。届时取两根白线，用一根拴住牛耳和男纸人之手，再以另一根线拴住猪耳与女纸人之手，然后，由巫师念鬼神。念毕，在院场杀牛、宰猪，并烹成祭品，摆在家堂供桌上。由于祭此鬼耗费大，须请同族人资助帮忙。祭“阿靠咋”时的祭仪、祭品与祭大家鬼“阿靠玛”相同，但须附祭腊訇。祭“灵”。阿昌族认为“灵”是出嫁女死后娘家须将其灵魂接回去供奉3~7日。届时用稻草扎人形，戴上黑布包头，穿新衣裙，做成“影身”，供在堂屋祭祀，并请巫师将其发送回家。“大恶鬼”是其他民族死人之魂，认为被它咬后会患急病、重病。祭时请巫师打卦念咒，用稻草编一个托盘，内垫芭蕉叶，供有饭团、糖果等祭品，再将以笋叶剪成的人、马、牛、猪、鸡等插在托盘上，端到岔路口去祭祀。

经师“活袍”

阿昌族的“活袍”无论在村里还是家族中，都没有特殊的地位和权力，他们平时不脱离生产，只是凭借着超人的智慧、广博的知识诵经为人祈祷，靠念咒语、占卜、施法术等为病人驱邪治病，以及自称有“活袍”（法师）的手段而受到人们的称赞和尊敬。“活袍”分为“巫袍”和“侏尸袍”两种，前者意为“驱鬼的人”，他们不会诵经，只是为人占卜，念咒驱鬼，后者意为“给死者诵经的人”。他们用诵经来进行祭献、安神、办法事和发送活动。其活动多在死者灵堂进行，老人去世装殓完毕，“活袍”就开始诵经，先念几句祈祷之语后，便一折接一折地念诵，每折都是一个完整的传说、故事。所以这种“活袍”是阿昌族古

活袍

老文化的传承者之一。“活袍”到了一定的年纪，总爱带一个徒弟做继承人，这就是独具特色的阿昌族民间文化得以流传至今的一个重要原因。

氏族和图腾崇拜

阿昌族认为，自己的始祖是天公遮帕麻和地母遮咪麻。他俩造完天地后，结成夫妻安身在大地的中央。九年以后，遮咪麻生下了一颗葫芦籽，他们把它种到土里。又过了九年，长出了一棵健壮的葫芦秧。再过了九年，结出了一个大葫芦，葫芦里生出了九种民族，其中一种就是阿昌族。

祭家神

在部分阿昌族地区还保存着氏族及其图腾崇拜的遗迹，如：“喇碑”（张家），意为“鹰”；“喇碑”（杨家），意为“太阳”；“喇纳”（王家），意为“黑夜”，又称“喇摇”，意为“骨头”；“喇米杨”（马家），意为“马”；“喇翁”（曹家），意为“葫芦”；“喇降”（们家），意为“篮子”；“喇尚”

(李家)，意为“淡”。各家族仍保存着有关自己的传说故事。在“祭家鬼”的祭祀仪式上，有的家族用牛，有的用猪，也有的用狗，诸现象都反映了某些图腾崇拜的遗迹。

小乘佛教

阿昌族信仰小乘佛教，当地称之为“上座部佛教”。小乘佛教也叫作“小乘教”，是对三乘佛法中之“声闻乘”“缘觉乘”的统称。它尊释迦牟尼为圆满导师，主张自度或自利，以“灰身灭智”和修成阿罗汉为最高目标。声闻乘修四谛法，自凡夫至罗汉，论时间，速者三生，迟者六十劫，其修行的方便有七，得果有四：须陀洹果、斯陀含果、阿那含果、阿罗汉果。缘觉乘修十二因缘，自凡夫至辟支佛，论时间，速者四生，迟者一百劫，其修行重在悟证，悟所到处便是证所到处，故无明显的位阶可言。它坚持“声闻”缘觉之道，注重三十七道品的宗教道德修养。小剩教以《阿含经》等为其主要经典。

上座部佛教于北宋年间（11世纪初叶）由缅甸传入德宏。据傣文史料《舍本勐宛》（《陇川史》）记载：“佛历1580年（公元1036年），莽达良在陇川曼弄塑佛像三尊，大象一头。”另据哈威

阿昌族佛塔

小乘佛教
白马鹿塔

《缅甸史》记载："有僧人阿罗汉（Shin Arahan）者，直通婆罗门之子，于1056年至蒲甘。彼为佛教南宗（即南传佛都上座部朵列教派）都罗婆陀（Tharavada）派之弟子，具有热忱，欲使上缅甸（包括德宏一带）崇拜异教之地，改奉佛都。"（哈威《缅甸史》，商务印书馆，1957年3月版）1057年阿利教（傣语称"摆奘"）的热力被摧毁。《缅甸史》载："阿利教徒之生路断绝。乃有甚多还俗为良民者……亦有被迫改奉新教者……"

明清时期，小乘佛教在德宏地区已得到广泛传播。《明史·云南土司传·麓川》记载："初，平缅（今德宏一带）俗不好佛，有僧至云南，善为因果报应之说，伦法〔即思伦法，系明洪武年间（1368—1398）的麓川王〕信之。"自此，佛教成为麓川的国教。《南甸司谱》记载，明正统十年（1445）"三宣首长会于司属勐练寺"，可见当时小乘佛教已传入今梁河县境内。朱孟震所著《游宦余谈》一书所附载的《西南夷土记》中说："俗尚佛教，奇塔遍村落，且极壮丽，自缅甸以下，惟事诵经……凡有疾病祝佛，以僧代之，或一年二年三年，募人为之。"清代德宏境内小乘佛教的传播更为普遍，其中以傣族信徒居多，德昂族、阿昌族次之。

德宏地区小乘佛教分摆奘、耿润（或润）、左底、朵列四个教派。阿昌族主要信仰"朵列"教派。此教派教规严格。陇川县户撒地区几乎每个寨子都有一座“奘房”（佛寺）。据1956年统计，阿昌族的佛寺有44座。中华人民共和国成立前，男孩儿长到七八岁就要进奘房，称为“戛备”，有的没有还俗，经过几年的努力升成“尚”，再升成“召问”，直到和尚中最高一级“崩儿”。

阿昌族每年都要举行定期的宗教活动。主要的活动有进洼、出洼、烧白柴和泼水节、赕佛和做摆等。

进洼和出洼

“进洼”即“关门节”，每年农历六月至九月，阿昌族要过佛寺生活，教徒们要到各村寨佛寺中静坐参佛，听佛爷讲经说法。“进洼”三个月结束时，举行盛大集会，各村寨男女老幼都到佛寺中拜佛祷告，向佛忏悔，以赎过去一年的罪恶，这就是“出洼”意即“关门节”。到此，一年一度的佛寺生活宣告结束，恢复正常的家事生活。

小乘佛教芒旦白塔

烧白柴

陇川县户撒、腊撒地区每年农历十二月举行烧白柴节。届时各个佛寺所属群众，晚上在佛寺附近，将一种木质呈白色的木柴堆成堆，点火烧之，人们围着熊熊燃烧的火堆，和佛像一起烤火，佛教徒向火祷告求福消灾。烧白柴节日的来源是这样的，传说有一次佛祖的弟子生病，正当发冷之际，有一老人见之，遂产生怜悯之心，便拾柴烧火给其取暖。佛祖弟子病愈后把此事告诉了佛祖释迦牟尼，佛祖认为此为善举，便规定在冬尽春来之际，各户及佛寺均须烧柴火纪念。

▲

小乘佛教
新寨奘房

赕佛

赕佛，即做佛会。集体性的赕佛活动，每年有固定的日子，私人赕佛（敬佛）可以随时进行。每逢一个佛寺举行赕佛活动，邻近村寨的人们都来赶会，或听佛爷念经，或在寺外空场上跳孔雀舞、放烟花等。

做摆

佛教徒认为做摆是供佛的最大功德，是积善积福的具体表现，可以为自身将来进入佛国创造条件，子孙也可以沾光进入佛国。因此，佛教徒们都把做摆看成是人生的一件大事，一生节衣缩食，任劳任怨地攒积一笔钱用来做摆。做摆前必须准备好物品，主要是一尊或几尊佛像，精致的佛幡、佛伞等，要请佛爷抄写经书，要在佛寺内盖一间木房或草房作为临时佛堂，要备好宴客用的牛、猪、粮食及其他副食品，做摆之日，请佛爷念经，请亲友来家宴集，历时一至数天不等。然后把佛堂里的佛像、佛经、佛幡、佛伞等全部送到佛寺供奉，功德便算圆满结束。

道教

阿昌族信奉的道教属全真龙门派，主张儒、释、道“三教合一”。道观多建在山高景秀之处，这与信仰“重生”及修炼有关。道教于明代传入云南德宏阿昌族地区。据传，明洪武年间（1368—1398），西南边地战乱，明廷派平西侯沐英率军进驻德宏。因边地僻远，瘴气袭人，加之战事频繁，士卒减员严重。正当沐军进退两难时，玉皇大帝派地母化身为白鹿引路，使沐军翻过了高黎贡山，渡过了龙川江，顺利到达了户撒坝。为了报答玉皇大帝之恩，沐英便在白鹿隐身之地修建了道观皇阁寺。于是道教传入了阿昌族地区。据考证，皇阁寺建于明洪武年间，清雍正十一年（1733），又在同一地方建了道观报恩寺。1949年前，皇阁寺有两个阿昌族道士叫闷二和闷三。每年，道观要举行一些活动，但规模不大，主要有正月初九玉皇诞、三清节、吕祖诞等。节日期间设坛念诵《玉皇经》等，还根据信徒请求，为祈福祛灾及超度灵魂而做道场。现在，阿昌族地区的道教内容有所淡化。

皇阁寺

第四章 阿昌族人生礼仪

一个人从出生到死亡，一生中要经历许多仪式和礼节。阿昌族在悠久的历史文化中形成了特色鲜明的婚姻、家庭、生育、丧葬等方面的礼仪，并蕴含着丰富的文化内涵。

婚姻

阿昌族实行一夫一妻制的婚姻家庭制度，个体家庭构成社会基本单位，有家族组织。婚前恋爱自由，中华人民共和国成立以前，婚姻缔结大多由父母包办，常发生“抢婚”现象。

恋爱

扎尼勤（串姑娘） 阿昌族男女青年的相识和恋爱，往往是从扎尼勤对歌开始的。阿昌族青年无论相识不相识都可以互称表兄表妹（同姓例外）。在农闲季节，青年人结伴到其他寨子寻找对歌对象。阿昌族大都是以一个寨子一个姓氏的家族为主，杂姓不多，而同姓青年不谈恋爱，男女青年都要到外寨对唱山歌找对象，这种恋爱方式通常叫“串姑娘”。“串姑娘”的主要内容是对

扎尼勤

▼

唱山歌。时间地点一般选在晚上家里的火塘边。对唱时依据固定的调门，男女分别由“稍干”（领头人）领唱、大伙伴唱的方式，男女一对一答，高潮起伏，饶有风趣。对歌中，若有一方发现对方并非理想中人，就渐渐停止了。若双方有情有义，就会越对越热。这时，客方要向主方递烟盒，表达情意。对歌的同伴，不论男女，一发觉自己的伙伴对上了意中人，就会悄悄退出对歌场。于是，一对情侣就会走到寨子外面的僻静处，披着夜色，山盟海誓，倾诉衷肠。男方拿出些钱（要双数）递给女方，女方脱下自己的内衣递给男方，有的甚至剪下一撮头发递给男方，表示死不变心。

腊撒（换手艺）　阿昌族青年男女还常常采用一种称为“腊撒”的方式，来寻求终身伴侣。“腊撒”为阿昌语，意为“换手艺”，其过程大致可分为“相送”“回礼”“赠送”“刹水”四个阶段。如某个小伙子在对歌中相中了某个姑娘，或某个姑娘相中了某个小伙子，就用递烟的方式，请对方收下烟盒，此为“相送”阶段。若是女方收下了男方的烟盒，那么，过十天半月姑娘就会把自己缀着蚂蚱花的“绡迈”（一种用棉布特制的披巾）或绣花腰带，再加上一包香烟、火柴等，用纸包裹好，再用染了色的彩线结个活扣捆扎好送给小伙子，表示心目中有爱慕之情，如果看不起对方就结个死扣，表示不再愿与对方有这方面的关系了，这是“回礼”阶段。男方收到女方的“回礼”后，便知姑娘是否看得上自己，若是看上了，就把自己亲手雕刻的银簪拴上两朵串有闪闪发亮的彩色珠子的蚂蚱花，或用手镯、银链、银扣再加几颗水果糖包裹好，请人带给姑娘，表示自己真心爱上了姑娘，即“赠送”阶段。如果姑娘真的有心和小伙子结成终身伴侣，就用自己亲手纺织成的“阿昌布”，做成对襟衣送给小伙子。如果姑娘没有真心跟小伙子成亲，就去买一枕头相送，表示赔礼道歉，请男方另选对象。这一阶段为“刹水”阶段。经过“腊撒”（换手艺），相互了解了对方品德、手艺，并由此而产生真诚的爱情。

聘媒说亲

男女青年经过一段时间的恋爱就会商量着订下男方聘媒说亲的日子（逢双的日子），并由小伙子回家告诉父母后，父母就聘

阿昌族青年男女

媒说亲。阿昌族的媒人要挑选附近村寨中有知识、有威望、熟知本民族情况和风土人情的人，一般是请两个男子。媒人特别能说会道，通常被称作“说客”。在预定的日子，两个媒人带上礼物去说亲。礼物都要用红纸包起来，茶叶、草烟、糖各两包，米酒两壶，钱六至八元。姑娘的父母倒出香甜的米酒招待客人。接着，媒人便使出全部本事来求亲。若女方父母对男方情况已经了解，并且是同意的，会当场答应，若不答应，男方还要二次派媒。如果女方父母还是不答应，而男女双方对爱情又忠贞不渝，两人就会约定私奔，以示反抗。一次就答应了的，男方便要择定娶亲的日子，到女方家征求父母意见。这次的礼物还要增加一对鸡、两块肉、半包白纱线和六个鸡蛋。媒人提出娶亲的日子后，若女方父母同意了，媒人就把六个鲜蛋当场打在盘子内，再倒进一些带来的米酒，用筷子搅拌后，让大家吃下，这样举行婚礼的日子便定下来了。

婚礼

为新郎泼水驱邪祛灾

结婚的日子大都选在农闲季节，在婚礼前一个月左右，男家和女家分别去人或去请柬，通知各方亲戚做好“吃酒”（参加婚礼）的准备，婚礼一般举行三天。第一天是到女方家接新娘，先是送礼的，

新郎向长辈磕头

后是新郎一行人。新郎一行进寨时，天色已黑，寨里的青少年，新娘家的亲戚朋友等，都在寨口迎接，此时灯火通亮，鞭炮齐鸣，热闹非凡。这天晚上要举行“拦门”“泼水”“压堂”等三项仪式。姑娘们和男子们分别用桌子设两道“门栏”挡住大门，对新郎进行一系列考试和戏弄，叫“拦门”。新郎通过了两道“门栏”经过院子中央时，姑娘们尽情地朝新郎泼凉水，据说，这水可以为新郎洗尘，冲去身上的晦气，吉祥如意，永不得病，即“泼水”。湿淋淋的新郎来到正堂时，向坐在正堂里的新娘父亲等长辈亲属鞠躬行礼。当晚新郎必须住在女方家正堂，这叫作“压堂”。参加婚礼的各寨男女青年，本寨的姑娘、小伙，都欢聚在女家堂屋，同新郎一起唱山歌，新郎可以无拘无束地参与对歌，并成为整个活动的主角。这一夜，歌声此起彼伏，通宵达旦。

为新郎挂红

婚礼第二天为“新娘出嫁”。清早，新郎要帮厨官挑水、洗菜、切菜，尽快把饭做好，争取尽早把新娘接回去。吃饭时，姑娘们挖空心思地让新郎出丑，如让他坐竹篮，用带枝叶的竹筷搛菜，用锅烟灰抹新郎的脸，还要让新郎背上装有算盘和秤盘的大口袋，以示要新郎勤俭持家，并能广积财富。饭后，接亲的人分三批离开女家寨子，第一批是媒人等，他们带走新娘的全部嫁妆。第二批是新郎，动身前新郎要在岳父母面前倾听嘱咐。岳父母给新郎披挂上长六尺、宽六寸的红布，并送给新郎两只银手镯，然后，新郎向岳父母磕头告别。最后一个离开寨子的是新娘，新娘出门时要放声大哭，如怨如诉，显出十分伤心的样子，以示不愿离开父母，这时，由她的舅舅或其他男长辈把她抱上马背，给她罩上一块色彩鲜艳的红盖头，蒙住整个头部，还将一面方镜或圆镜挂在她胸前，以示避邪，由本寨一个小姑娘把马牵出寨外，再由专门牵马的人接过马缰绳，在鞭炮声中向着新郎家缓缓而去。

当新郎家里的人看到娶亲的人进村时，马上燃放鞭炮，并把草席从院子中央直铺到正堂屋子，做好迎新准备。新娘进了大门，就由新郎家人或本家的壮年妇女抱下马来，并由新郎牵着领进堂屋，在火塘边上绕上三圈，然后进入新房稍加整饰，休息之后，就要同新郎一起，到堂屋向客人“传茶”（敬茶水）。传茶后，新娘由姑娘陪同，在新房吃饭，不能同新郎在一起。饭后由一位有经验的中年妇女或者新娘的婆婆帮新娘打扮，把姑娘的装束全换成媳妇的衣服，叫“圆成”。一直到晚饭后，这对新人才一起来到正堂，磕头拜堂，由主婚人宣读结婚证书和贺词，祝福

拦门 ▶

婚礼上新郎要用花筷子搛菜

新郎牵新娘

新婚夫妇幸福、美满。入夜，青年小伙子们到新房去闹洞房，他们想方设法取笑新娘，让新娘反复地点烟、传糖、唱歌等等，一直到深夜。这一天是整个婚礼的高潮。

婚礼第三天要举行“翻箱”活动。这一天，全家的早饭要由新娘来做，这通常是新娘烧饭基本功的考试。新娘会碰到一些人为的难题，如当新娘挑水的时候，调皮的小伙子会跑过来把水弄脏，她还要重新去挑，而这天重要活动是清点嫁妆，即“翻箱”

活动，新娘要把从娘家里带来的衣物全部拿出来，放在厅堂里，让人们欣赏。这时，姑娘、小伙就会一拥而上，各自抓起一件衣服，胡乱穿起来，跑到寨子里到处转悠，逗人嬉笑。之后大家把衣服交回，整个婚礼到此结束，一对新人从此开始新的生活。

“扎尼拐”(抢婚)

“抢婚”，阿昌语称为“扎尼拐”，是缔结婚姻的另一种形式。抢婚的原因有几种，其中之一是男女双方经过一段时间的自由恋爱建立了感情，而在男方聘媒说亲时，女方父母不同意，要将女儿另许他人。这样，男女青年便私下定好日子，让男方来抢婚。到了预定的日子，男方邀请十几个精壮的小伙子，在深夜摸进姑娘家，找到姑娘拉起就跑。这时，姑娘就高声喊父母，以示自己是被抢走的，由于女方父母毫无准备，寡不敌众，所以这种抢婚往往是顺利的。

家庭

阿昌族的家庭形态是一夫一妻制的个体小家庭。它一般包括父子两代或父、子、孙三代。家庭成员之间的关系是父为家长，子女随父姓，世系按父系计算。夫妻在家庭中享有平等的地位，有事共同商量处理，互相继承财产，共同抚养子女，年老无子女互不抛弃。在社会上，妇女地位低于男子，不能担任社会公职，也不能参与公共事务的处理。

子女均可继承家庭财产，长子娶妻后，一般要分家另立门户，幼子留居老家，只有少数由于幼子与父母关系不好，父母才将他分离出去。分家时，财产由儿子们平均分配，不能平分的财产采取折价的办法处理。房子一般不分给另立门户的儿子，归留守老家的儿子所有，但是，若父母无力给分出去的儿子建房，或家中尚有多余之屋，酌情分给其一小部分，另立门户的儿子所建房屋费用，由全家负担。另外，在平分父母财产时，要将最好的田留出能种一两箩种子的面积出来，由留守老家的儿子耕种，这份田专供父母养老之用，称“供应田”。父母之需，不够则由留居老家的儿子负责。

阿昌族家庭

阿昌族的有女无子家庭，可以招赘婿。入赘前，经介绍，双方同意后即可择吉日完婚。结婚日，女方父母将姑娘送到邻居家去暂避，并将新衣服由媒人转交给赘婿穿上，迎接到姑娘家来，而后，赘婿以姑娘父母的亲生儿子身份去迎接姑娘回家，举行结婚仪式，赘婿有继承岳家财产的权利。赘婿从妻姓，子女亦从母姓。对岳父母有养老送终之义务。

阿昌族的无嗣之家，可以招收养子。招收养子首先要在本家族内招，还要优先考虑招收近亲，若无近亲，方能在家族其他关系中去招。家族内无养子可招时经家族同意后，方可在异姓中招。养子和亲生子一样，有继承父母财产的权利，对父母有养老送终的义务，养子在社会上不受歧视和非议。

家族组织

阿昌族社会里存在着的父系宗亲组成的家族组织。在人们的意识中，有较强的家族观念。家族形态的表现为：一是直系宗亲，一是旁系宗亲，各自成族系。二者结合，形成大家族，有的还按族系而居，成为单一姓氏族系的村寨。有的是按直系本支祖父的宗亲关系联系在一起，有的还有旁系宗亲关系。以宗亲为组织，形成为家族。但一般情况是不同家族，各民族杂居形成地缘

知识链接 “乌蒙作”意为寨中的长老。“乌蒙作”的条件是年长，能说会道，有一定处事能力。村寨中的“乌蒙作”是自然形成的，无所谓选举仪式，各家族对其公认和信任即可。村寨中的事务须邀请他参加共同商议处决，而本家族事务则由本家族的“乌蒙作”邀请本家族老人共同商议处决。

联系的共同体。各姓氏虽各有其宗亲关系，但并不都居于一个村寨中。在阿昌族的家族中，又往往划分出若干个家支，各家支的内部联系比家族内部的联系更为密切。

“家会”是阿昌族家族组织形式。在同一家族内部，都有家会组织。家会的组织形式有两种：一是组织比较严密的，一般设有正副族长、总务、管事、纠察、财务、监察、文书等，而且还有成文的家会会章，会章内容包括定名、宗旨、会员、职员、会员大会的职权，会员的权利与业务，会议，家规、信条等；另一种组织不很严密，设一人为总管事、二人具体管理会内事务，没有正式选举产生的族长，也无成文的会章，由族内有威望的年长者在家族事务中起着决定作用，有严格的家规。

每一个家会都制定有比较严格的家规，如“族内子弟有忤道不孝者，其家中来报家会时，由家会大板四十”，对于违犯家规和损坏家会名誉者也都有较严重的处分。

家会定期召开会议，会议的主要内容是对字牌和解决族内纠纷及其他问题，如清明会是于每年清明节全家族人聚集一起扫墓，并借此解决各种问题。

生育

孕产

孕育 生儿育女在阿昌族家庭里是一件神圣的大事，它保留着许多礼仪和禁忌。妇女怀孕期间，不得随便到别人家串门，否则认为会给别人家带来晦气、倒运，同时也会给腹中的胎儿带来不良影响。严禁孕妇进入或触及土地庙门，否则庙神、族神、猎神等会降灾祸于村人。不让孕妇到正在挂果的树下行走或摘果子，认为这样会使果实腐烂，不到成熟期就掉落等。严禁在怀孕期间夫妻同房等。妇女在怀孕期间，一般不脱离生产劳动，只是不做重活和脏活。

分娩 分娩是阿昌族生育文化中的一项重要内容，产妇在夫妇的屋中分娩。多以站、蹲、跪等姿势分娩。要请身体健康、儿女双全、家风好，有一定经验的妇女来接生。认为接生者的健康状况及性格、作风等，会直接影响新生儿的成长。这样的接生妇女往往受到人们的尊敬。婴儿出生时，由接生妇人协作，等婴儿离开母体后，用开水煮过的剪刀剪断脐带，用布条或棉线捆扎脐带，用温水洗婴儿身体，用棉花揩净婴儿的口腔。产妇的房间里，除了自己的丈夫外，其他男人不能靠近。

坐月 妇女在坐月子期间，不做任何事，禁吃酸、辣和过咸的食物，主要吃鸡肉、鸡蛋、蔬菜和米饭，很少吃猪肉及其他饮食。月子期间各地亲戚要来送“月子米”，内容有一只母鸡、数十个鸡蛋、一升（约3斤）大米，较近的亲戚，如产妇的母亲、姊妹等还要送一匹花布，送“月子米”的任务均由已婚妇女承担。婴儿出生三天后，要宴请本村老人和亲戚。宴宾之前，要用汤饭祭献祖宗，祈求祖先保佑婴儿无灾无难快长快大，将来聪明能干，一生幸福。汤饭内容是一碗米饭，一只去毛和内脏的煮鸡以及宴宾时将要用的各种菜肴。祭献之后，宾客入席就餐。其间，由本村老人和长辈亲戚们各自看过孩子，说些祝福之词，孩子父母专心地听，并一一答谢，为孩子讨吉祥。

知识链接 阿昌族民间有一传统的产妇药浴习俗。即产妇满月时，要用大风草、九里香、蔓荆子、小荨麻、蛇床子、伸筋草、蒲公英、金银花、银香草等，再加适量的薄荷、青蒿、芒硝、硫黄等煮水为产妇和婴儿洗浴。据说此方主要功能为行气、活血、祛风、除湿、疏肿散瘀、解毒、杀虫，治风湿痹痛、血瘀肿痛、热毒痱疹，防治产后抽风、小儿惊风、子宫寒冷、下阴痒等。对产妇的身体恢复有极好的疗效。

抚育

认亲爹亲妈 婴儿出生后三天，若有外人闯进家门，谁先进门，就被拜为孩子的亲爹或亲妈，他或她要为孩子取小名。小名中的任何一个字都不能与家族中前辈的名字同，和家族中的同辈也最多只能有一字相同。取小名后，主人用米酒、红糖、茶以小宴款待并正式确定为亲戚关系，双方开始互称“亲家”。从此以后，亲爹或亲妈对孩子的生活、成长、教育甚至成人后的婚姻等，都得尽如同亲生父母相差不多的义务。

搭桥闯名　如果婴儿降生三天之内还无人闯入家门，那么就得举行“搭桥闯名”仪式，为孩子找亲爹或亲妈。举行“搭桥闯名”仪式前，生辰八字先生卜定吉日和地点。到“闯名”这天，在预先卜定的小河上搭一座小木桥（往往是三四根木头），木桥要搭在有行人过往的河口或道旁，将一块熟猪肉（当地称三牲一副），熟鸡一只，盐饭（上面撒盐的米饭）三碗，放于河边或桥上，桥的两头四角插上五色小纸旗，旗旁放三张小纸钱、三炷香、一对大纸“元宝”。然后把求亲（找亲爹亲妈）礼品放在桥中央，便躲到路旁等待过往人来“闯亲”。当第一个人从这里经过时，事主就出来说明情况，来人便把纸钱烧掉，再往桥中央、四角各洒三滴酒、三滴茶，以示祭桥。然后随事主到产妇家，吃过饭后，为孩子取小名正式成为孩子的亲爹或亲妈。另外，阿昌族还有一种为孩子拜亲爹或亲妈取小名的奇特方式，即请八字先生算婴儿“生辰八字”，按其特征去找某石匠、木匠或其他手工艺人做亲爹，取个吉利的小名。根据八字先生卜算的情况，有的甚至拜乞丐或大石头为亲爹。

阿昌族儿童

“开荤”和“抓周” 阿昌族孩子满周岁时，要请亲戚吃“周岁酒”。“周岁酒”过后要举行“开荤”和“抓周”仪式。“开荤”，即第一次给孩子吃荤食。传统的方法是将烤干收藏好的豹子肉和猴子肉，烧熟后捣碎给孩子吃。认为吃豹子肉，可以使他勇敢、坚强，不怕任何困难；吃了猴子肉，可使他聪明、秀巧。最忌用猪肉开荤，认为猪蠢笨，这样会使孩子变得愚笨。现在“开荤”仪式已改用其他食品了。

“抓周”是为了预测孩子将来的爱好、性格和前程而举行的一种仪式。其内容是摆一个摊子，四周放上刀、秤、算盘、书笔、葱、剪子、鲜花物品之类，然后主持人把孩子抱入摊子中央，客人和家人们在一旁观看，等孩子抓到某物时，主持人便预言孩子的性格和特长。无论先拿到什么实物，都要用夸张的语言赞扬孩子，祝愿孩子前程似锦。

在阿昌族社会里，传统的民间教育形式是言传身教。这种教育形式主要特点是教育没有成为专门化部门，只是一种自发性教育，它与劳动生产和日常生活一起进行，没有固定的教育场所，通常外出劳动的家人会把男孩子带在身边，空隙时便教给他们一些传统生产技能，如用牛犁地、耕田、打制铁器等。女孩子在成长的过程中，会从母亲或姐妹们那里学习到纺线、织布、绣花等手艺和有关生活的本领。

婚育观念

阿昌族的婚育观念，主要表现在严禁同姓男女通婚，严禁未婚先孕的婚姻伦理观念，以及多子多福的生育观念等方面。阿昌族重视婚育，其传统婚育观念中忌同姓婚配，禁止婚前性行为。如果在“串姑娘”中发生了性关系使女方怀了孕，被女方父母、家族人知道后，要将姑娘赶出寨子，在寨边临时搭一间草屋，供她分娩之用。满月后，将私生子送给男方，并罚男方若干钱财，请和尚念经洗寨子，所罚之钱归寨子所有。“串姑娘”所生下的子女，在社会上受鄙视。未婚有孕者，一定要在生育前及早举行婚礼，方能得到族人及社会的谅解或接纳。阿昌族生育观念中多子多福的意识较重，生男生女皆受人敬重。

丧葬

阿昌族的丧葬一般分为土葬和火葬两种。对非正常死亡者，如传染病死、凶死、难产死，行火葬。对正常去世者的丧葬仪式由“报丧入殓”“停尸发送”“祭奠出殡”和“土葬接灵”等几个部分组成。

报丧入殓

老人去世后，马上向左邻右舍和居住在远方的亲戚报丧，闻讯赶来的人们用七粒大米、七粒银珠加少许清水，放入死者口里，然后用温水给死者洗尸，洗尸时一定要使口、眼合上。洗完尸体后便为死者穿上丧服。稍停下不久就准备入殓。入殓时，死者身上不能带金属饰物，同时不能给死者穿毛质衣物，否则认为不能转世变人。棺材选取质地坚硬的老树做成，形状与当地汉族的棺材相同，均为一头大一头小，上刷黑红漆，一般是事先做好的留着备用。入殓时，棺内放些稻草垫底，将尸体仰面放入后即刻盖上棺盖。之后，将灵柩置于正堂，头朝正门，然后在其两端点上长明灯，旁边放一碗饭，其上放一熟鸡蛋，当地称“倒头碗”，鸡蛋称为“倒头蛋”。如果谁敢吃“倒头蛋”，就会被人们认为是最胆大最活泼的人。潞西县高埂田一带的阿昌族等老人断气时，停尸地下，下铺草席，从颈项到脚跟盖上白布，并用小块白布遮脸，用泥巴做死者枕头，待尸体僵硬后才入殓。

停尸发送

人死后，一般停尸三个白天，第一天晚上，由亲戚来守灵，唱哭灵歌，即“打孝歌”。内容都是赞扬死者功德及后人的哀悼祈求。哭灵依次按辈分举行，并有哀乐伴奏。孝歌哀婉凄清，时泣时诉。开始一人独唱，之后是主宾对唱，一唱一和，有哀悼之言，有劝慰之语，此起彼伏，直唱到天明。第二天晚上，举行发送仪式，即请经师“活袍”来念经，指引死者之魂到祖先住地。阿昌族认为，人死后有三个魂灵：一个要送到祖先居住地，一个要送到家族坟地，一个要供在家里保佑子孙。送魂灵到祖先居住地的路有两条：一条是到城隍庙鬼王处，一条沿着最早祖先迁徙路线送向腾冲，认为只有经过望乡台，喝了迷魂汤，过了奈何桥，亡灵才能到鬼王那里报到，然后才能回到祖先那里。“发送”仪式上的祭品有猪头、猪的四脚和尾巴等。仪式开始，鞭炮齐鸣，活袍口念诵词，另外一人把一端包有纸线的竹片点燃。然后从丧家大门插到村口，意为给死者照明引路，为女死者插双行，男死者插单行，数量由死者的年龄决定，接着由“活袍”或佛爷敲着木鱼，孝子孝孙们绕棺三圈，之后孝子孝孙在棺旁哭灵，“活袍”便在棺前立两棵金竹，挂起一块竹序，在上面放些纸钱，开始念经“发送”，送词大意是：

有海的路是傈僳族的路，
有文章纸墨的路是汉族的路，
有红口水的路是傣族的路，
有箭和弩的路是景颇族的路，
要往阿昌祖先的路向前走，
祖先的路上开满着鲜花。

唱完发送词，“活袍”又对全部听众讲，人死了就像灯里的油干了，不要悲痛，虽然离开了，但他回到了祖宗那里。只有知道祖先过去的事，活人才对得起死人，然后就给众人唱祖先开天辟地的史诗《遮帕麻和遮咪麻》，直到次日清晨。

祭奠出殡

停尸到第三天，就要举行祭奠出殡仪式。届时远近的亲戚都带着祭品参加，一般亲戚的祭品是一升米、一只鸡，近亲祭品是一只羊和一些纸钱，均抬一面用白纸做的“秉帐”（幡旗），“秉帐”正文书写死者生平、经历和祭者的悼词，落上全部前来祭悼者的姓名。死者的外家（其妻子娘家）还要扛一幅白布“秉帐”（幡旗）来，内容款式与其他亲戚的相同。祭祀时，死者的近亲必须先来先祭，其他亲戚后来后祭，外家最后来，来到死者家时，人们要奏乐迎接。各路亲戚带来的祭品须按顺序摆放，不得混乱。在本村“乡师”的主持下，由亲戚中主祭代表家人用一桌汤饭献祭后，个人才依次敬香磕头。每进一次香，“乡师”就喊

“一敬香，二敬酒，三敬盐饭”之类的话，意在告诉死者某亲戚的到来。陇川县的阿昌族出殡祭奠仪式较简单，只在棺前放一碗汤饭，亲戚的祭品是一只鸡和一升米。祭过之后就准备起棺出殡。起棺前要在棺下边放些草木灰，接着再捆扎棺材。起棺时，由四人抬，每个人脸都要朝正堂天地神位方向，以免死者的阴魂把活人的魂带走。当抬棺的人做好准备后，“活袍”就用刀砍去棺前念经时立的金竹架，抬棺人中有人喊一声“起”，鞭炮随之而鸣。四人即刻起棺疾行出门。来到门外，棺材要从事先排好的孝子孝孙们头上擦过，即“顶孝”。死者的子孙都要参加“顶孝”仪式，长子要全身挂白，近亲子孙戴五尺白布长孝，即“重孝”，次亲子孙戴三尺白布孝，称为“平孝”。孝子孝孙们各自手持一炷香，按年龄，男女各排一列跪在地上。陇川户撒一带的“顶孝”仪式要反复进行几次，走一程顶一次，一直要顶到坟地里。出殡时的顺序是，奏乐打鼓者和活袍朝前开路，接着是抬棺的，最后是送死者遗物和扛秉帐的，送葬的一般只去一段路即回。

土葬接灵

灵柩抬到祖宗坟山，“活袍”要祭土地神，烧纸钱买坟地，之后，灵柩就可以下葬了。墓穴是在出殡的前一天挖好的，挖墓穴时，要测风水和祭土地神。下葬时，子女和近亲要回避，否则认

墓碑

为魂会被压着，放棺入穴后，大家齐声说：“不要怕，我们给你盖冢了！”便一齐动手盖土。盖好土，立一石碑于坟头，再用些碎石垒起坟缘。第二天还要去修理坟茔，当地称之为“扶山”。出殡后，主人家要请人扫拢原来撒在棺下的草木灰，用筛子筛过后堆起来，不许任何人接近，等送葬人回来，“活袍”就以灰上的印迹来判定死者亡灵是否已到了祖先住地，葬礼到此结束。

另外，女性去世后，还要将其灵接回“外家”（娘家）祭奠。当男方家一来报丧，娘家就由死者的哥哥或同辈亲戚到丧家去接妹妹的灵。到丧家后，先扎一草人，将死者生前穿用的衣物给她穿戴上，但不能穿鞋和系绑腿，等“活袍”念经祈祷过后，便把草人随同衣物烧掉，只留下少许遗物装进背篓，由哥哥背着离开丧家。一路上，哥哥不时地呼唤妹妹的名字，每到河边沟旁，都要向河沟磕头祷告，祈求河神不要阻挡妹妹灵魂回家。到了娘家后，把其灵供在神堂上，便杀鸡滴血进行祭奠。

知识链接 **接“灵”葬俗的起源故事** 从前有一男子，有一个亲妹妹和一个堂妹。亲妹妹嫁给了远方的一户贫穷人家，堂妹嫁给了本村一户富人家。平时哥哥很少去亲妹妹家，即便偶尔去一次，亲妹妹也没有什么招待哥哥的，而对堂妹家，哥哥常来常往，去时也往往得到酒肉款待。久而久之，哥哥总觉得堂妹心好，亲妹妹没良心。一次哥哥口含米饭装死，以此来试探两个妹妹谁有良心，就先派人去向堂妹报丧，堂妹不以为然，推说家中有事而不能前往。哥哥又派人给亲妹妹报丧，亲妹妹闻讯，顾不得换下脏衣服，就从田地哭着直奔娘家而来，路上跑掉了鞋和绑腿（因此接灵时不能为草人系绑腿和穿鞋），进门就扑倒在哥哥身上，边哭边用手掏哥哥嘴里的米饭（她认为生了蛆）。哥哥深受感动，认为还是亲妹妹有良心。为感谢亲妹妹的情意，妹妹去世后，哥哥便接其灵回家供祭，久之便成为一种葬俗。

第五章
阿昌族服饰

阿昌族的服饰简洁、朴素、美观。近代以来，随着社会的发展和广泛的交往，阿昌族服饰发生了很大变化。各地男子服饰大同小异，未婚男子包白布或黑布包头，已婚男子包藏青色布包头。穿蓝、白、黑等素色斜纹布对襟布扣袢上衣，黑色或蓝色长裤，系黑色绑腿。未婚妇女留长发盘辫，穿白、蓝色对襟银扣上衣，黑、蓝色长裤，系绣花飘带黑布裙。已婚妇女梳发髻，包黑布包头，下着长筒裙，系黑布围裙。

服装

阿昌族多穿蓝、白、黑三种颜色的服装。男子服装大同小异，为素色对襟上衣，黑色长裤，包白或青布包头，喜佩腰刀或长刀。妇女服装因地而异，以陇川腊撒型、户撒型和梁河型为代表。

腊撒型女装

陇川县腊撒已婚妇女穿藏青色的对襟衣服和短到膝下的筒裙，小腿裹绑腿，服装上缀满银饰，前胸钉四个银扣，挂四排长8厘米左右的银链子，腰系六股银链子，链子头拴着银石灰盒。手腕上戴银泡花手镯或扁形银手镯。

户撒阿昌族
姑娘服饰

户撒型女装

陇川户撒地区未婚女子留长发梳辫，从右至左绕头一圈盘于头部，盘头辫子上面绕着几根红毛线。身着各种浅色对襟小翻领

户撒阿昌族老年妇女服饰

梁河阿昌族服饰

梁河阿昌族妇女形象

长袖上衣，上衣较短小，前后摆较大，穿各色棉质或化纤长裤，系黑色小围裙，再扎绣花长腰带。已婚妇女留长发挽发髻，用黑纱布包头成圆筒状，高约25厘米。年轻媳妇往往爱在高筒包头上罩块黑方布，前面的黑布一端卷起来，后面一节黑布斜拖在脖后，身穿对襟小翻领长袖短衫，黑布筒裙，系黑布小围裙。已婚和未婚妇女的对襟衣服上的纽扣，多用银币等金属做成，以区别于傣族（旱傣支系）妇女服饰。

梁河型女装

梁河阿昌族未婚女子穿长裤，上身为浅色对襟上衣，盘辫子。已婚妇女穿素色或织花筒裙，窄袖上衣，系缀有绣花飘带的围裙，扎织花缀贝壳“绞脚”（绑腿）。梁河阿昌族妇女上衣，其款式为对襟，小翻领，镶花边长袖，前后摆较大，钉布扣袢或钉坠有几条银链的银钮扣。中老年妇女上衣颜色多为蓝、黑色，棉质。未婚妇女和年轻已婚妇女多选择浅色化纤或丝质衣料做上衣。

“挂膀”和“剪花衣”是梁河阿昌族别具特色的两种衣饰。“挂膀”是一种坎肩式小罩衣，多用黑绸或黑棉布做成，前后边

缀银挂膀

沿镶钉银泡，对襟，钉银牌扣。银牌扣一般长7厘米、宽4.5厘米，上刻有各种花纹图案。外挂银链、三须、灰盒、针筒、小鱼、耳勺、叉子、戳头棍等银饰物。这些饰物工艺精细纤巧，惟妙惟肖，栩栩如生。两排对称的银泡和宽大的银饰扣相衬，银光闪亮，其布局排列近似于古代出征将士的战袍。据说，穿这种银饰“挂膀”是对古代战争生活和战死疆场的将士的纪念。

早期阿昌族妇女在婚礼拜堂和年老去世入棺时，都要穿一件剪花衣服。这种衣服的特点是，毛质地，多为深色，长袖无领对襟，钉圆铜扣，前襟和衣服四周均用各种颜色的方形或三角形布片镶缝成几何形图案，中间还夹杂着刺绣花纹图案。这种衣服古朴厚实，做工烦琐，常常是几人合作完成。旧时，姑娘出嫁与新郎拜堂和年老去世时都要穿着剪花衣服。前者

剪花衣

知识链接 剪花衣的民间传说故事：很久以前，半坡有一户阿昌族人家，辛勤劳作，日子和美，父母养育有三男三女。小妹名叫腊乖，在众兄弟姐妹中聪明出众，曾治愈了大姐的难症。后来，父死母又病，腊乖为安慰母亲，让母亲永远有花相伴，嗅到花的芬芳，便费尽心思从山里寻觅红、黄、绿、白汁液的花，舂碎，熬成水，染成彩色布片，然后一块块拼缝成衣。它青色布做底，各种颜色交相错杂，酷似一只色彩斑斓的彩蝶，腊乖为之起名为“剪花衣”。母亲穿上此衣便含笑去世了。腊乖思母心切，病梦中，她走到阴间去看母亲，一位看门的老者说，阴间鬼魂千千万，但凡俗人眼看不见。腊乖很失望，突然她看到了一个穿剪花衣的新鬼魂，此新鬼魂即是她母亲。腊乖病愈后，便告诉姐妹人死后，只要穿上剪花衣，即便到了阴间也能相互认出。于是姐妹相约，出嫁时都缝一件剪花衣，在拜堂和去世后穿用。

表示夫妻白头偕老，生死不离；后者被认为到阴间可以和亲人相会团聚。久而久之，穿剪花衣成为阿昌族的特定风俗。

裙饰

阿昌族的裙饰由围裙、花带子和筒裙构成。围裙，阿昌族称“毡裙”，由裙面、裙头和裙带三部分组成，长40厘米、宽33厘米左右。裙面为黑色，棉质。裙头选择鲜艳颜色布料做成，宽约10厘米，双层留口，可装钱币、烟盒及小镜子等物。裙带为黑底，顶端中央绣有各种花纹图案，边沿用各色彩线锁边，上面还坠有彩珠和彩色绒线球。裙带具有固定围裙的功能，又是妇女们的腰饰物。裙带在系紧围裙后，余下部分拖吊至膝间，飘逸洒脱。关于毡裙，阿昌族民间流传着一个故事：

一阿昌族男子在路边挖地，一个骑马官人带兵路过，戏弄其愚笨，问男子一天挖地几百锄？男子无言以对，官人得意而去。当晚，媳妇授其男子反诘语。次日，官人又问，男子按其妻教授的反问，老爷你的马一天走几百步？官人瞠目结舌，问其此语从何而来，男子如实相告。官人不甘心，便吩咐次日要到男子家做客，告诉他媳妇做九十九样菜来，还要有一碗龙爪菜，要摆在千只眼的桌子上。男子回家告知其妻，其妻不以为然。次日，她用九个小碗盛了韭菜，又煮了瓜尖做龙爪菜，摆在满是眼眼的篾桌上，官人骑马赶来，非常惊诧，认为阿昌族女人太聪明了，竟能左右男子，便不动声色地说，菜很好，只是锅边太邋遢，我送一节青布给你做毡裙，系着就干净了。从此，阿昌族女性就有了系围裙的习俗。

筒裙

阿昌族裙布(女)

阿昌族裙布

梁河阿昌族已婚妇女的筒裙，分为无花纹的“素筒裙”和有花纹的“抠花筒裙”两种。“抠花筒裙”制作从纺线印染到制经纬线，再织成布，均采用传统手工技艺方法。用各色蚕丝线抠织有“阿波花”“节子花”“筒子花”“香炉花”“梨翁花”“李子花”等与阿昌族日常生活关系密切的花纹图案。传说中的节子花是当年孔明南征七擒孟获时为阿昌族妇女衣着制定的图样，它恰似一个手执兵戈的士卒，据说这是孔明特意鼓励南夷边民手执兵戈，把守边关，保卫好自己的疆土。裙脚上镶有3~5道花纹，意为水沟，代表着祖先的农耕生活。旧时，未婚女子也穿筒裙，现在仅限于已婚妇女。这种筒裙工艺复杂，织成一条筒裙，费时费力，还需要掌握高超的纺织技艺。因此，与之相关的禁忌甚多，如年幼的女子不能吃鸡爪，否则织裙时线乱；不能吃鸡翅膀，否则织裙时线束偏斜，难织好花纹；男子不能跨越等等，颇具神秘色彩。

户撒阿昌族妇女服饰

服饰纹样与饰物

阿昌族服饰的纹样图案种类主要有水波纹、云纹、几何纹、狗牙纹、筒子花纹、节子花纹、阿波花纹、细脚花纹、叉子花纹、香炉花纹、梨翁花纹、鳝鱼骨纹、瓜子花纹、鸡嘴花纹等。这些花纹图案均与阿昌族日常生活关系密切，常用于妇女筒裙、腰带、绑腿、围裙带等服饰图案。

另外，喜欢用花做饰物是阿昌族服饰的特点之一，无论男女都喜欢在头上、胸前、腰部、小腿等处缀饰鲜花或毛绒线花。梁河阿昌族男子盛装时，包头上插有用珠串和各色毛线做成的花穗和鲜花，绑腿上也缀饰几朵毛线花。女子盛装时，在包头、裙带、绑腿等处都用鲜花或绢花和毛线花束缀饰。陇川户撒、腊撒地区的男子爱在左胸的衣服上别一朵红丝线纺织的菊花，菊花下吊坠各色丝线璎珞。妇女不分老少都爱在头上插鲜花或绢花、毛线花等，有的女子每天都在头上插戴一朵用红绒线做的菊花。阿昌族插戴的鲜花一般为红、白、黄几种，认为红花象征着欢乐，白花象征着纯洁，黄花象征着爱情。

头饰

各地阿昌族男子头饰大同小异，剪短发，用布包头。包头布用长约10米、宽约50厘米的纱布或棉布做成。青壮年包白色或藏青色包头，老人包藏青色或黑色包头，包时，总要留出40厘米左右的包头布拖在脑后直到腰际。青年男子的包头上往往插有鲜花或绒球饰。

男子头饰

阿昌族妇女的头饰别具一格。陇川县腊撒地区已婚妇女包藏青色包头。未婚女子则包窄包头，系黑色绑腿。未婚女子的包头较窄，只有6~7厘米宽，包时，巧妙地在前额的包头上绕个圆圈收尾。已婚妇女的包头宽10~12厘米。

未婚女子包头

梁河地区未婚女子梳发辫盘头，缠各种绚丽的色线，插“蚂蚱花”饰物。所谓“蚂蚱花”是一根长约10厘米的小银或铝棍，一端缠3~5股毛线，串以玻璃珠，缀蓝、黄、红等彩色绒球，另一端尖锐，可插入发间。已婚妇女包自织自染的黑棉布包头。

高包头是梁河地区已婚妇女特有的头饰。阿昌语称之为“屋摆”。这种头饰用自织自染两头坠须的黑棉布长帕缠绕在梳好发髻的头上，造型高昂雄伟，足有半米多高，将其展开，长达5~6米。据调查，它在我国具有包（戴）头饰习俗的众多民族中，其高度名列首位。这种头饰是阿昌族已婚

知识链接 高包头的来历，民间有两个传说：一说远古时候，没有天也没有地，世界一片混沌，始祖遮帕麻和遮咪麻造天织地，又共同创造了人类，可在此过程中，出了个恶魔腊訇，也造了个假太阳乱世，遮帕麻几经“斗法”“斗梦”，终于战胜了腊訇。又用神弓神箭，射落了假太阳，世界重获新生。据说，阿昌族妇女的高包头就是遮帕麻射落假太阳的那把神箭箭头的标志。

另一种传说是，在遥远的古代，阿昌族家园备受外敌侵扰，阿昌族先民经常与外敌作战，代价惨重。有一次血战中，男子弹尽粮绝，女人送箭后援受阻。一位聪慧的妇女想出了一个绝妙的主意，让前方男子都用布带包成高包头，后方妇女便向“高包头”射箭支援。为此，男人既从包头上获得了支援，又以它伪装迷惑了敌方，敌方将箭误射向高包头。高包头挽救了阿昌族人的性命，保卫了阿昌族家园。为了纪念这次战斗和那位妇人的机智勇敢，阿昌族妇女就包起了高包头，久而久之，变成了已婚妇女的头饰。

已婚女子
包头

已婚女子
包头

妇女的标志，关于它的禁忌甚多，要包饰它，必须到婚礼以后才可。包戴仪式神圣庄重，第一次包戴要在新房内由儿女双全的中年妇女帮忙。平时包取，长辈晚辈互相回避，外人不可随意触及。

腿饰和服装佩饰

绑腿、披巾、飘带和花带子是阿昌族的腿饰和服装佩饰。

绑腿

绑腿

绑腿，阿昌语为“绞脚”。一般长30厘米、宽20厘米。黑底，织有像筒裙一样的花纹图案，边上钉有红羊绒线和狗牙、贝壳类饰物。已婚妇女们在走亲访友、喜庆节日活动时，都要在小腿上系绞脚。它既是小腿御寒之物，又是妇女们喜爱的饰腿之物。

披巾

披巾，阿昌语为“绡迈”。用丝、绸或棉布制成，黑色、方形，一般长60厘米、宽50厘米。四角绣有花纹图案，还钉坠有用毛线做成的“蚂蚱花”及彩珠。平时可披围，亦可以用来包裹什物。未婚姑娘多用它作为信物赠给意中小伙子，以表示自己的爱慕之情。

飘带

女飘带

男腰带（带有钱包）和花护腿

飘带有两种类型。陇川户撒地区的飘带，用黑棉布或黑绸布缝扎而成，长2米、宽6厘米左右，一般是两头宽，中间窄。两旁扎彩边，中间用各色丝线绣有各种大小不一，风格各异的植物花卉。这种飘带也称腰带，用来扎系围裙，系扎围裙后在身前留出一长一短两段，长的曳地，短的达腿，飘逸如彩蝶。流行于梁河地区的飘带，实为围裙带，双股，每股长约1米，最宽处达10厘米，一端与围裙固定。黑底，菱形头顶端边沿用各色彩线锁边，中间绣花纹，并坠有彩珠彩穗。系扎围裙后，剩余的部分拖吊至膝间，显得飘逸洒脱。

花带子

梁河阿昌族新婚妇女要系一条花带子，阿昌语称为“独其萨莱”。一般长3米左右、宽近10厘米。用红、黄、蓝、白、黑等各种色线手工抠织而成，上面有狗牙、长刀、鱼骨、瓜子、谷穗、蚯蚓、鸡爪等多种与阿昌族日常生活密切的动植物花纹图案。两端坠彩珠穗。每个图案都有一定的含义，如狗牙能消灾辟邪，是狗图腾崇拜的反映，长刀象征开辟新生活，瓜子象征子孙兴旺，谷穗表示五谷丰登。花带子做工精细，艳丽夺目，是新婚妇女必不可少的陪嫁物之一。新婚之日，作为新娘的特殊标志系于腰间。婚礼后，便由新娘珍藏，待女主人去世后，要作为“灵带”（灵魂象征物），接回娘家。祭满七日后再归还，由后代妥善保存。

阿昌族女子服饰

挎包

挎包即“筒帕”，是阿昌族服装饰物和日常生活用品。多用麻线、棉线、丝线或毛线手工织成。上织有几何纹、水波纹、节子花等各种传统的花纹图案。筒帕下端留有丝穗坠饰，上端有宽长背带，便于背挎。阿昌族男女出门时均喜欢背一个筒帕，既可用来装物，也是一种服装佩饰。青年男女还用它装上首饰，作为爱情信物送给对方。

银首饰和镶牙套

阿昌族银首饰种类丰富，主要有银插针、银耳环、银项链、银手镯、银戒指、银纽扣、银衣链、银腰链、银泡花、银花饰以及银饰“挂膀”等。各种银首饰都是由阿昌族民间银匠手工制作而成，其款式多种多样，工艺复杂，精巧细致。不仅是男女服装的佩饰物，而且往往还是财富和光明的象征。另外，民间还认为用银子做饰物佩戴，可以消灾避邪，使人吉祥平安。

银首饰

银插针　又称“戳头棍”，用白银制作而成，一头尖细，一端扁粗有孔。有孔的一端坠饰有玻

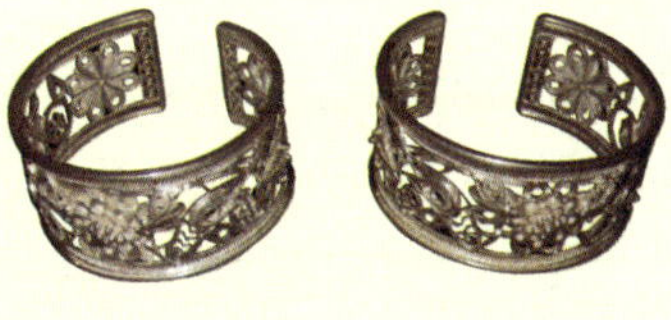

银镯

璃彩珠穗和用各色毛绒线做成的花饰。银插针原用于梳理和固定头发，作发簪之用，现在主要插于包头上用于装饰。银插针往往被青年男女用作定情信物赠送给意中人。

银耳环 又称“银耳圈”“银耳镯”，是成年女子喜欢戴的佩饰之一。制作银耳环时，先将银块熔化开，根据所需规格，碾压成圆银条，再把银条的一端压围成直径约2厘米的螺旋圆形图案，另一端折成钩扣状，用来与另一端固定。然后，把整股银条制作成圈状。银耳环大小不一，年轻女子的耳环直径在3~4厘米，银条较细，显得精美。中老年妇女的耳环直径达5~6厘米，银条较粗，显得淳厚粗犷。银耳环也是一种定情信物，往往被男子用来当作定情物赠送给女方。

银链锁

银项链 也称“银脖链”，是阿昌族妇女的项饰。根据链扣不同形状分为扁链、扣链、龙骨链、黄鳝骨链等。链子上坠有柳叶、石灰盒、挖耳勺、戳头棍、针筒、银币等银饰物。这些饰物上还压刻有各种花纹图案。特别是已婚的年轻妇女在走亲访友及喜庆节日里，都佩戴银项链。作为妇女盛装的一部分，显得无比华贵，别具特色。

银手镯 也称“银镯头”。种类有“泡花镯头”“扁镯头”“长镯头”“筷子镯头”“六方镯头”“四方镯头”等。泡花镯头为空心扁圆形，有大泡花和小泡花之分，宽度在2~5厘米之间，表面上有几何纹、花卉、植物等压花图案，一端开口，以便戴饰，这种手镯是阿昌族妇女盛装时的必戴首饰。四方和六方镯头，分别是四面和六面是方形的，空心实心者都有，是阿昌族最常戴的手镯。长镯头为圆筒状，长达10厘米左右，两端外翻呈喇叭状，两头粗、中间细，中间一段有凸

银饰

起的花朵图案。扁镯头和筷子镯头分别为宽扁形和筷子形，一般没有什么花纹图案。各种类型的手镯都用纯白银制成，工艺精细，风格独特，不仅是阿昌族喜爱的首饰，也是爱恋中的青年男女用作定情的信物，还是母亲给女儿的陪嫁物之一。

银手镯

镶牙套

镶牙套是阿昌族青年男女的牙饰。青年男女喜欢用金片、银片等做成的套子套在门牙上，男子多用金牙套，称为“包金牙”，而女子则多用银牙套，有的青年男女同时用金银牙套装饰门牙，认为镶的牙套越多越美，越富有。过去镶牙套是成年的标志，从此以后可以参加成年人的社交活动和谈情说爱。随着社会的发展，阿昌族镶牙套的人越来越少，现在这一饰齿风俗几乎绝迹。

第六章
阿昌族饮食

阿昌族有其独特的饮食制作方式及进餐习俗和饮食礼仪，传统的饮食习俗大多还与宗教和习俗密切相关。随着社会经济的发展和与外界往来的增多，阿昌族的饮食结构也在逐步发生着变化，除保留着传统的饮食方法、制作方式外，食物的花色品种越来越丰富，烹调的技术也在不断提高，饮食习俗也在不断发生着变化。

主食、副食和饮料

阿昌族以大米为主食，小麦、玉米、薯类等为杂粮。大米饭的制作方法是先把大米在锅里煮开10分钟左右，将米捞取沥干水后放入木甑子里蒸熟。副食品有肉类、瓜果和蔬菜等。喜欢吃腌腊肉、干牛肉以及腌菜、腌竹笋等酸性食品。少部分居住在山区的阿昌族种植旱稻的同时，还兼种玉米、荞子、薯类、麦类，也习惯以玉米、荞子、薯类、麦类为季节性主食，大米为常年主食。阿昌族尤其喜爱吃软米、糯米。

阿昌族饮食

火烧猪

肉类多以猪肉、鸡肉等畜禽类肉蛋为主。逢年过节，以猪肉为原料烹调，能做出各种不同的花样饭菜。陇川地区的风味名菜“火烧猪”，做法和吃法独特，别具风味。制作火烧猪的方法是把猪宰杀后，用木炭火将整头猪烧成焦黑，然后用井水冲洗猪体，并用刀将焦黑的毛皮刮去，经过刮洗的猪整体呈金黄色。最后进行开膛破肚，将猪分割成若干块，加上各种调料烹调食用，味道清香爽口。在农活较忙较重的季节或隆重祭祀中，也杀黄牛做“菜牛肉”食用。水牛、骡、马、羊，多用于丧葬祭祀活动。其他肉类还有打猎所获的猎物的肉。

在副食品种类中，瓜果、豆类、蔬菜的种类最多。瓜果有南瓜、黄瓜、丝瓜、洋丝瓜、香瓜、葫芦、西红柿、洋酸茄、茄子、辣子、洋芋、芋头、魔芋、山药等；豆类有豇豆、蛇豆、黄豆、黑豆、大红豆、小花豆、绿豆、饭豆、白芸豆等；蔬菜有青菜、白菜、包芯白菜、菠菜、荠菜、芹菜、芫荽、葱、蒜、生

南瓜

黄鸡枞

姜、荞头、菜花、莴笋等。蔬菜以菜园自留地种植为主，还兼采野生菜辅于饭食，如香菜、水芹菜、鱼腥草、香椿、蕨菜、竹笋等，野生菌类也是阿昌族喜欢的副食品。阿昌族半山半坝地区的可食菌类品种繁多，共有50多种。

食品加工

在副食加工的食品中，以粮食加工的品种繁多。如陇川地区的“过手米线”、饵线、粉线、泼水粑粑等；梁河地区的过年大粑粑、豆腐渣、糍粑，火把节的花粑粑，清明节的黄花粑粑，端午节的粽子，盖新房时泼撒的花馒头、花粑粑等；其他地区，还有米凉粉、豌豆凉粉、玉米粑粑、荞麦粑粑、灰挑粑粑、麦类蒸制的泡糕、挂面等，其制作方法特别，工艺精细，制成的食品精美别致，花样众多，图画精巧，味道鲜美。

▲ 晾晒米线的阿昌族老人

酸味食品

阿昌族喜欢的酸味食品主要有用青菜腌制出的酸腌菜、辣腌菜、干腌菜、干板菜、腌萝卜干、腌糟辣子、腌荞头、腌姜等酸菜。这些五花八门的酸菜制品，在蔬菜淡季时期是阿昌族的主要菜肴。同时，阿昌族还腌制其他腌菜，如豆豉、豆腐等。

过手米线 ▶

风味食品

“糯米粑粑”和“过手米线”是阿昌族的两种风味食品。

“糯米粑粑”的制法是把糯米洗净，再用清水浸泡半天左右，捞取控干水放入甑中蒸熟成糯米饭后，用木碓舂细，即“粑粑”。它柔软细嫩，口感极好，也可以摊在芭蕉叶上，边凉边吃，或炸或烤，或水煮或火烧，都香脆可口，令人百吃不厌。

“过手米线”是用户撒产的上等米压榨成米线，用火烧猪肉、猪肝、猪脑、粉肠以及花生面、芝麻、大蒜、辣椒等各种调味品加豆粉、酸醋搅拌成调料，吃时，先将米线握在手中，然后浇上调料，再用筷子送到嘴里，一吸而进。过手米线味道鲜甜，营养丰富，易于消化，回味无穷。

土蜂蜜

油炸竹虫

阿昌族还喜欢吃竹笋、竹蛆和蜂虫、蜂蛹等。竹笋的吃法有鲜竹笋、干竹笋、腌酸笋等。鲜竹笋肉嫩细香，可当蔬菜，也可与肉、豆类等炒着吃。干竹笋是将笋晒干放好，吃时用水泡生后再炒吃或煮吃。酸笋是将嫩竹笋切细装入罐中腌酸，随吃随取。竹虫是一种生长在嫩竹中竹蜂的虫蛹，色白个大，肉肥细嫩。有时一节竹子中有数百条，取出后用油炸脆，色泽金黄，撒点盐而吃，是一种高蛋白鲜美食品。食用的蜂虫、蜂蛹主要有黄腰蜂、夜时蜂、草蜂等土蜂类的蛹和幼虫。或炸或炒，香脆可口，营养丰富。

饮料

喜欢喝自酿的米酒和白酒。米酒度数较低，约35度，清醇可口。这种酒采用“蒸馏法”酿制而成。其制作过程是：先把米淘净蒸熟后，倒在簸箕里搓匀放凉，再拌上酒曲盖好，待发酵后再装入缸内，放一周左右连水加糟一起舀入专用的酒锅里，锅上放酒甑，甑中放一木槽，酒甑上再放一铁锅，锅内装冷水，加热待下面铁锅内的水滚涨后，上升的蒸气与上面的冷水锅相遇即凝结成水珠。水珠滴到酒甑内的木槽中又顺着槽流出，米酒即做成。白酒用糯米饭加甜酒曲发酵而成，味道香甜可口，生津解渴，是

敬酒

一种十分诱人的饮料。阿昌族还能用山药、苞谷、麦类、荞类等粗粮酿酒。酒在阿昌族社会生活中占有重要地位，婚丧嫁娶、庆典祭祀都离不开酒。阿昌族参加婚礼叫“栽肃”，意为“吃酒”。阿昌族的酒席名目繁多，诸如“满月酒”“三朝酒”“满岁酒”“回门酒”等。

随着社会经济的发展和与外界往来的增多，阿昌族的饮食结构也在逐步发生着变化，除保留着传统的饮食方法、制作方式外，食物的花色品种越来越丰富，烹调的技术也在不断提高。

进餐习俗和饮食礼仪

阿昌族的饮食制度一般为一日三餐制。早上10点左右吃早饭，下午3点左右吃午饭，晚8点左右吃晚饭。休闲时节有时只进两餐。

制作饮食

阿昌族的饮食习俗大多与宗教和习俗密切相关，如花粑粑是新嫁娘回娘家坐满月时舂回来的，也称“满月粑粑”。而黄花粑粑，多在清明节祭献祖坟亡魂时才舂，故亦叫“清

围在一起吃饭

明粑粑”。

阿昌族饮食礼仪与禁忌中，梁河地区盛行农历八月十五吃饭先喂狗的习俗。平时主人喂狗多在家人完餐后，当日则有点特殊。传说，是为感激狗为人从天上要来谷种，因而择八月十五，必先喂狗，表示对它的尊敬。

在日常生活中，阿昌族尊老好客，饮食中，长者坐餐桌上方位子，客人坐上座，晚辈坐下方位子。一般女主人不上坐，但有

知识链接 **“姑老太”劝饭** 劝饭习俗中最古老的是家道堂兄弟给外嫁回娘家做客的“姑老太”（族姐辈）劝饭。劝饭用的是饭盆，盆内扣有大碗，饭盖在上面，看似很多，其实是空盆，饭盆顶上放一大把干腌菜，一至两根无肉的猪腿骨及部分菜肴。族弟在“姑老太”快吃饱之际，围住饭桌，劝其饱饱吃，要走远路，不要忙。有的戏说你花钱费米，又背又挑，辛苦了，这些就是款待你的好饭好菜。“姑老太”能说会道的也反讽：拿好饭好菜来，根根藤藤吃不成。族弟则揶揄“姑老太”能吃，吃得只剩骨头渣渣。有的说“米线”（指酸干腌菜丝）要吃掉，吃了力气大好爬坡，“扇子”（动物髋骨）留着回去爬坡爬热了扇风用，有的则劝其带上形似木棒、吹火筒的腿骨筒子骨回家，拿去做饭做活路时用。整个劝饭过程充满诙谐和幽默。“姑老太”都会在婚宴中遇到此类的劝饭，但她们不必吃所劝的食物，这是纯风俗性质的。此俗是阿昌族历史中母系氏族被父系氏族替代过程中，亲族间族弟对族姐妹复杂心态的习俗演化。现在则是兄妹姐弟间通过劝饭追忆往昔的手足情谊，在貌似笑闹中透露出聚散两依依的一往情深。

▲

阿昌族宴席

女客人时，女主人可陪客人一起进餐。

劝饭习俗在阿昌族地区普遍盛行，最隆重的多在红白喜事中，远方客人即将离寨返程的最后一顿饭时，青年男女相互逐一劝饭，主人热情待客，客人谦虚避让，你一言我一句，动情之处则唱起“山歌”来，这就是著名的阿昌族“劝饭山歌”。劝饭的真正目的，主要是借此表达主人好客的心意，并借机交流男女间的感情。

阿昌族饭桌上，禁忌打人骂人，认为打和骂，会将谷魂气走。谷魂离开谷米，谷米就没营养了，就会造成人无饭食的严重后果，故有“雷不打吃饭人”之说。吃饭时，有小虫子飞进嘴，认为将会有好酒好肉等食运。吃饭咬着舌头，也认为会有好食运。在野外吃饭，禁忌吃第一口饭，要先用筷子挑一点酒向远方敬神。在野外做饭，饭锅内的饭半生半熟或有裂痕、脚印模样的印迹是凶兆。平时吃饭要在正房的正堂吃，饭桌的摆设也有讲究，盛饭的饭菜要摆到长者所坐的方向，认为米饭属五谷之首。

燃料、炊具和餐具

阿昌族传统的燃料为木柴。炊具有带烟囱的台灶、铁锅、铜锅等。过去多用竹木制器皿做饮食用具，有竹根碗、竹勺、木盆、木桶、木甑等。现在则广泛使用铁、瓷器皿做饮食用具。

传统燃料木柴

阿昌族厨房多设在右厢房，无厢房则在正房右方房内，使用双腿灶，木甑子蒸饭，炊具主要有筲箕、“笊篱头”、篾编饭盒、篾编饭桌或饭桌、竹筷、锅铲、吹火筒、火通和现代餐具。

竹筒勺

竹编盒

竹编盒子

第七章
阿昌族节日

阿昌族的节日是在其社会历史发展进程中形成的习俗。它们是阿昌族经济文化、宗教信仰、民族心理的具体表现。主要有纪念性节日“窝罗节”“尝新节”“浇花水节”，宗教性节日“会街节”和法定节日“阿露窝乐节”等，节日内容丰富多彩，因地区不同而略有差异。

窝罗节

窝罗节是流传于梁河地区阿昌族盛大的传统民族节日。在每年的农历正月初四举行。

“窝罗”台

窝罗节是为纪念远古时期人类始祖遮帕麻和遮咪麻造天织地、为民除害、造福人类的功绩而举行的。届时，远近村寨的男女老幼穿着节日盛装，汇集到原先指定好的“窝罗”场，放鞭炮，载歌载舞，通宵达旦地尽情狂欢。人们围着场中央的“窝罗”台跳“窝罗”舞，唱“窝罗”歌，并将一碗碗醇香的米酒和良肴佳果虔诚地祭献于“窝罗”台上。

“窝罗”台高约1米、4米见方，中央矗立着两块牌坊，牌坊顶端的中间高高耸立着一把巨大的称为神箭的木刻满弦弓箭。神箭标志着阿昌族的始祖遮帕麻用它射落了妖魔腊訇的假太阳，恢复了大地万物的生机。

窝罗节

窝罗节上的户撒阿昌族

窝罗台坊上的左牌坊顶端绘着光芒四射的太阳，右牌坊顶端绘着蓝空皎月，紧接着是太阳、月亮图，下边左牌坊绘着一幅阿昌族男子的彩图，右牌坊绘着一幅阿昌族妇女的彩图，分别表示阿昌族的始祖遮帕麻和遮咪麻。左、右牌坊都绘着阿昌族妇女筒裙花纹节子花等，极富民族特色。

1983年4月，云南省德宏傣族景颇族自治州第八届人民代表大会第一次全体会议通过的《关于恢复和建立民族节日的决定》中，正式确定窝罗节为阿昌族传统民族节日，从此窝罗节的纪念活动更加盛况空前，节日的内容更加丰富多彩，除了有大型传统古典歌舞“蹬窝罗”外，还增加了对唱、武术表演以及各种文体活动等新内容，同时还进行物资交流活动，节日气氛显得更加浓烈。

会街节

“会街节”，阿昌语称之为“阿露”。主要盛行于陇川县的户撒、腊撒一带地区，每年在农历九月中旬举行。

会街节原来是迎接菩萨下凡、纪念英雄的盛大宗教性集会。

会街节的一项重要内容就是耍白象和舞青龙。白象和青龙由民间艺人用竹木纸布等材料精心编扎而成。耍白象时一人藏在白

知识链接 会街节的来历，有两个传说：一是阿昌族信奉的“个打马”（阿昌语，意为菩萨）的灵魂，在上天取经的路途中，克服重重困难，终于把真经取到，并决定于农历九月十五日返回人间。人们为了迎接“个打马”的归来，便扎起青龙、白象，由男女青年收斋米，煮出斋饭供奉。以后，便逐渐演变成会街节。

另一种传说是远古时候，遇上了大旱，为了拯救生灵，一个修行成佛的人骑上红牙白象去与旱魔搏斗，最后赶走了旱魔。为了纪念此人，阿昌族世世代代以耍白象、舞青龙、跳象脚鼓舞为主的“会街”活动来表示怀念。

会街节

象的肚里，双手来回拉动连着象鼻带有滑轮的绳子，象鼻就上下左右地甩起来，活灵活现。青龙一般由盛装打扮的小伙子耍舞，表演各种动作。

会街开始，人们给白象、青龙系上红绸，穿着节日盛装的男女老少簇拥着耍白象、舞青龙队列，敲锣打鼓绕寨一周，然后来到广场，围着白象和青龙，跳起欢快豪放的象脚鼓舞。这时场地上，象脚鼓声、锣声、铓声、镲声震天动地。音乐声、欢呼声此起彼伏，一浪高过一浪。

会街时节，正是户撒坝子稻谷成熟，烟草丰收之际，山峦叠翠，河水泛波，人们喜气洋洋欢庆节日，同时增加了物资交流、集市贸易等新内容。人们耍完白象，舞完青龙，跳累了象脚鼓

陇川阿昌族阿露会街节，以青龙白象吉祥物为图腾崇拜标志

舞，就歇下来喝米酒，吃“过手米线”，去赶热闹的集市，进行物资交流。

尝新节

在每年芋头结完，苞谷成熟，天上月亮最圆的时候家家户户都过尝新节，阿昌语为“佳舍甲”，意为“吃新米饭的节日”。后来，阿昌族在与其他民族长期接触交往的过程中，学会了推算历法，于是就把尝新节固定在每年的农历八月十五日举行。

尝新节这天，人们要举行隆重的祭献仪式。他们先把屋里屋外打扫干净，然后拔一蓬籽多实大的芋头，破开一棵结了双穗的苞谷，把芋头和苞谷捆在一根长竹棍上，整齐地靠在堂屋的左角或右角上，随后用新谷舂成米蒸成饭，摘来脆栗甜梨，杀一只肥鸡恭恭敬敬地摆在祭桌上，祭献老姑太。

祭献时，主人站在祭桌旁，念诵祭词：

阿昌人的老姑太，今天是尝新节，吃新米饭了。托您保佑，大蓬大蓬的芋头籽多实大。大棵大棵的苞谷包长籽满。今天祭献您，求您赐福免灾，得穿得吃。

另外，还要向老姑太祈祷：

天地三界，四方万里，满空蒸宰。祭天者，风调雨顺。祭地

知识链接 尝新节祭老姑太习俗的传说：很久以前，阿昌族有个老寡妇，她勤耕苦织，善于农事，左邻右舍都羡慕和佩服她，人们跟她换种子，向她学习耕作播种和田间管理技术，这样家家丰收，人人温饱。寨子里数她年岁大，大家都尊称她为“奶其”（即老姑太）。她越来越衰老，眼睛也瞎了，天天拄着一根竹棍，由小孙女搀扶着，走家串户，传授生产经验。她的儿子十分孝顺，经常到山里打鹧鸪炖给她补养身体，老姑太临终时，要儿子把她的拐棍放在堂屋里，说这样在她死后，儿子们也不愁吃穿。人们一看到老姑太的拐棍，就想起她在世时传下的生产技术。代代相传，每年庄稼一熟，总是用一顿新米饭祭献她，她生前爱吃鹧鸪肉，后人便杀只鸡做祭品，这也是阿昌族世代相沿的尝新节的来历。社会的发展赋予尝新节新内容，成了别开生面的喜庆丰收的良辰佳节。尝新节里，全家老幼，至亲挚友，品尝着丰盛的果品、食物，沉浸在欢声笑语里，尽情享受着美好幸福的生活。

者，国泰民安。祭神者，诸神欢喜。早谷连根结，迟谷连根倒。麻雀吃了屙痢，秧鸡吃了脱皮，蚂蚱吃了冲姜，老鼠吃了烧汤，癞蛤蟆吃了蹿江死。

火把节

烧火猪

不同居住地区的阿昌族都过火把节，但在时间和内容上略有差异，大理云龙漕涧阿昌族的火把节是在农历六月二十五日举行，内容主要是敬献五谷神，祈求五谷丰登。当日，举行赛马、射箭游艺，入夜后全村点燃木火把，洒木火灰，驱除灾害疾病。

梁河、陇川地区的阿昌族在农历六月二十四日过火把节。这一天，村村寨寨杀黄牛，家家户户烧火猪、做米线、舂软米花粑粑。男男女女都用金绷花等植物加熟石灰把手指甲和脚指甲包红。入夜，人们点燃竹火把，绕着村寨游动，以示驱除疫病。夜间还要挖取河沙，撒在家畜厩周围，认为这样做会给家畜带来安全。梁河一带的阿昌族新婚妇女，都要回娘家过火把节。

浇花水节

浇花水节，也叫“泼水节”，是陇川户撒、腊撒一带的阿昌族的传统节日。在每年的农历三月间举行，节期三天。第一天上

陇川阿昌族男子的象脚鼓

山采锥栗花。第二天将锥栗花和其他花一起插在场中的花塔上，浇花水，"蹬窝罗"（跳窝罗舞）。第三天泼水，跳象脚鼓舞。节日期间，每家的堂屋供桌上都要插锥栗花，男女老少都要佩戴锥栗花。

锥栗花，阿昌语叫"桑建"。传说在远古时候，阿昌族祖先在始祖遮帕麻和遮咪麻的授意下，用"桑建"蘸葫芦水救活过被染上瘟疫的人畜。"桑建"水使阿昌族先民免除了一切灾难。为纪念这段历史，三月间"桑建"盛开时，人们就要选一个日子（一般是在清明节后第七天）上山采来"桑建"，插在搭好的花塔上，互泼花水，祝福对方吉祥如意，这一天，男女青年三五成群地走村串寨，用新盆盛水，互相浇泼。然后，互相邀约，成群结队来到村寨外的河边或林荫草地上互相对唱情歌，寻找意中人。因此，浇花水节被誉为"青年男女的节日"。

阿露窝乐节

阿露窝乐节是阿昌族的法定节日，是德宏傣族景颇族自治州人大常委会在广泛征求阿昌族人士意见的基础上，将梁河地区阿昌族传统节日窝罗节和陇川县户撒腊撒地区阿昌族传统节日会街节合二为一的节日。

1993年5月20日，德宏傣族景颇族自治州第九届人大常委会第三十次会议通过了《关于统一阿昌族节日名称和时间的决

欢庆阿露窝乐节

定》，正式将阿昌族的“窝罗节”和“会街节”统一为“阿露窝乐节”，规定每年公历3月20日举行。节日时间为两天，节日标志为青龙、白象和弓箭。

从1994年3月20日开始，每年的这个时间，各地阿昌族在当地政府的主导支持下欢庆“阿露窝乐节”。阿露窝乐节保持了各地原来的庆祝方式和特色。届时，当地政府要举行丰富多彩的庆祝活动。梁河和陇川户撒腊撒地区的阿昌族互派代表团前往祝贺，保山地区腾冲县、龙陵县，大理州云龙县和潞西市也派出代表欢度“阿露窝乐节”。节日期间，还举行阿昌族传统的刀舞、棍术、拳术、手工技艺以及对歌、跳窝乐舞、服饰、春灯等表演活动。节日欢庆活动的内容和形式日趋多样化，质量和水平不断得到提高。

其他节日

阿昌族的节日还有春节、清明节、端午节等。

春节

阿昌族过春节的时间与汉族相同，但分大年和小年。大年从农历腊月二十四便开始，主妇忙着办年货，家人打扫室内外环境卫生，俗语叫“掸尘”，挑白泥来粉刷墙壁内外，采艾蒿洗净炊具、衣物，蒸酿米酒，舂过年大粑粑和饵块（阿昌族叫“伽

陇川阿昌族生活表演

爹”)，酿甜白酒，做米凉粉和豌豆粉，腌辣腌菜、豆豉、豆腐等各种风味独特的副食，杀年猪，三十晚上吃年饭，饭前用竹筛抬佳肴到寨头祭祀寨神，再回家祭祀家祖神位。祭祀时，户主率全家轮流磕拜并放鞭炮祭奠。三十晚上要守岁。

春节院里栽松树“万年青”——代表辞旧迎新、吉祥如意

初一清晨，由男人挑水做饭，女人休息。男人挑水时，手执纸钱、香炷、大米及硬币等，置放井边以谢井神。挑水回来即做斋饭，放鞭炮祭祀天神，谁家最早祭祀则心最诚。太阳出来后，寨中孩童三五成群，逐家逐户来“开财门”，户主要招财童子念诵“开财门调”并向堂前磕头，然后取花生、瓜子、饼糕及红纸包好的礼钱答谢孩童。初一这天，禁忌扫地，早饭后，剪红纸条，裹贴到竹蓬和各种果树主干、牛角、马鬃、马尾、狗尾、猪尾及牛马猪厩栏杆上，也贴于各种犁耙农具上。放牛马时，户主要将纸火、香烛、粑粑及肉、糖等礼送一份给牧牛马者，让其去祭谢山神。男青年在“秋头”的聘请下，前去深山扛秋杆。

初二，全村男女老少穿上节日的盛装欢聚于秋场，鼓锣鞭炮声中，挑标直的“头秋”，也叫“头门”，在祭司及寨中长老主持下，竖起四根“头秋”，其余百多棵围“头秋”而立，待用。然后访亲探友，拜年。有孩儿认“亲爹”的带上礼物，领着孩儿去“亲爹”家拜年，当天回返，连拜三年。亲爹妈家在第三年的拜年中，缝送一套衣服，还包一包饭菜给认亲的孩儿，意为穿了吉祥平安，吃了无病无疾。出嫁的女儿，携女婿及伴郎、伴娘回娘家拜年，俗称“吃各道”“吃春客”。初二至十五内，阿昌族有玩春灯习俗。正月十五属虎、龙日，有扛犁到自家田地或寨边空地上空犁几趟的习俗。正月十五，全寨齐集秋场，祭谢秋神，并拆秋杆，春节即告结束。

清明节

阿昌族过清明节的时间与公历清明日相同，清明节这天清晨，先到坟山修坟，铲土坯添土于坟墓上，再折柳枝置于坟前及后土前。家中则备办些酒菜，前往坟墓祭祀祖灵，最后全家在坟墓旁野餐。坟地较近的，祭祀后回家，再献供家堂祖灵后进餐。有家族“家会”“清明会”，祭祖规模较大的，要杀猪宰羊。上坟祭祀时还要采田野中的黄花来舂清明黄花粑粑，用来祭祀和饮食。

阿昌族重视祭祀祖宗

端午节

端午节主要盛行于梁河、腾冲、潞西、云龙、龙陵、陇川等县市阿昌族地区。时间是每年农历五月初五，内容主要是包粽子、吃粽子，所包粽子花样繁多，有小三角粽、双粽、枕头粽、圆粽和大肉粽等。小孩要带香包，成人泡雄黄酒喝。

米粽

第八章
阿昌族
文学艺术

阿昌族的文学艺术包括口头文学、诗歌、戏剧和造型艺术等。它们起源于阿昌族的社会劳动实践，是阿昌族文化和生活的形象反映。

民间文学

阿昌族有悠久的历史，在长期的生产生活中，创造了丰富多彩的民间文学。由于没有本民族文字，阿昌族民间文学作品还停留在口头文学阶段，有史诗、故事、神话、戏剧和歌谣、谚语、俗语等，门类齐全、内容丰富、题材广泛。有的反映宇宙和万物起源；有的反映民族起源和历史；有的反映封建统治者的压迫和剥削；有的赞扬劳动者勤劳智慧等等。

神话故事

《遮帕麻和遮咪麻》是阿昌族民间口头文学中最重要的作品，是阿昌族的创世史诗。

远古的时候没有天也没有地，只有“混沌”，混沌中无明无暗，无上无下，无依无托，无边无际。记不得是哪年哪月，混沌

▲ 阿昌族天公——遮帕麻

▲ 阿昌族地母——遮咪麻

中忽然闪现出一道白光，有了白光也就有了黑暗，有了黑暗也就有了阴阳。阴阳相生诞生了天公遮帕麻和地母遮咪麻，明暗相间产生了30名神将、30名神兵。遮帕麻与神兵神将一起分别用金沙和银沙造出了太阳、月亮和星星，又摘下左边乳房造了一座太阴山，扯下右边的乳房变成一座太阳山，从此男人没有了乳房。接着又在两山中间种下了一棵梭罗树，让太阳和月亮绕着梭罗树转，由此分出了黑夜和白天。地母遮咪麻摘下喉结当梭子，拔下脸毛织成大地和花草树木，从此，女人没有了胡子和喉结。她拔脸毛时，流出的鲜血变成了江河、海洋。

遮帕麻造天时，睡了一觉，把天造小了，天不能罩住地。遮咪麻抽去三根地筋，“轰隆”一声，平坦的大地蜷缩了，凸起的地方成了高山，凹下去的地方成了山谷，平坦的地方成了坝子。地面缩小了，天罩住了地，世界有了依托，遮帕麻、遮咪麻降生到世界上，结成了夫妻，繁衍了人类。

就在二人造天织地、创造人类的过程中，出现了一个反王腊訇，他造了一个假太阳，使大地沉入火海，给世界带来了无穷的灾难，万物被烤焦了，世界没有了黑夜，宇宙万物被颠倒了，水中动物被赶上了山，山上动物被撵下了海，树根朝天长，竹尖朝地钻，生灵遭受涂炭，世界不得安宁。遮帕麻和遮咪麻为了铲除祸害，拯救万物，把被腊訇颠倒了的世界再颠倒过来，于是，以自己的机智、勇敢，通过“斗法”“斗梦”，终于战胜了腊訇。遮帕麻又用神箭射下了腊訇造的假太阳，又操起“赶山鞭”把水中动物送回水里，把山上动物放回山上，从此世界获得了新生。

《遮帕麻和遮咪麻》在阿昌族中世世代代流传，深深地在阿昌族人民心底扎了根。在遮帕麻和遮咪麻的身上，不仅寄托了阿昌族人民追求光明、战胜邪恶的良好愿望，而且，这两个形象本身，便是阿昌族人民不屈不挠的斗争精神和改天换地伟大力量的化身。

《莱赢与纳康》对阿昌族各支系间的血缘关系做了形象的说明。传说莱赢和纳康两兄弟是阿昌族的两个铁匠。一天，他们在九湾河打铁，震动了龙宫，吓坏了龙王，在龙王屈服以后，两兄弟才离开了九湾河。之后，兄弟俩分手了，弟弟纳康来到了坝子里，救了两个傣族姑娘，两个姑娘感激他的救命之恩，都想嫁给他。纳康到山上找到了哥哥，他俩齐心协力，战胜了猴群，一同回到坝子里，分别与这两个傣族姐妹结了婚。傣族姑娘不懂阿昌族的语言，两兄弟与两傣族姑娘成亲后，风俗习惯有了改变，从此，便成了“小阿昌”。

《选头人》的故事，追述了阿昌族氏族公社和农村公社时代的民主选举制度，反映了农村公社解体，向封建领主制过渡时期的社会形态，对探索阿昌族农村社会的历史发展有较高的史料价值。

阿昌族在户撒定居下来以后，各村寨各姓氏的族人，轮流出来管理公共事务。朗家、项家、郭家都轮过来了，没有一个人能把大家的事办好，于是村民们决定开门节赶摆的时候，在摆场里埋下三颗土炮，所有的阿昌人都要从摆场上走过，谁走进场子时炮响，就由他当头人。但赶摆整整进行了七天，差不多所有的阿昌人都走过了，还是没有听到炮响，快散场时，姓熊的和姓赖的两位老人才邀约着走进摆场。姓熊的老人刚跨进门坎，鞋子脱落了，他弯下腰穿鞋时，姓赖的老人也跨进了摆场大门。就在这时，炮响了，村民一致推举熊氏老人当了头人，姓赖的老人当了副手。熊氏上任后，即向村民们保证：“每户每年仅收地银二钱，如有多收，罢头人；断案不公，收受贿赂，罢头人；不要百姓牛马，不占百姓女儿，犯此二条，五牛分尸”，并在石碑上刻下了这些规定。从此，熊氏把村民的事务处理得井井有条，获得了大家的拥戴。

《新时期中国少数民族文学作品集》书影

熊氏去世后，由赖氏继位，赖氏贪心，要多收地银，便派人把石碑上的条文凿去了。有一年赶摆时，他杀猪宰牛，通知各村寨来挑肉吃，不收钱，村民们兴高采烈地到赖头人住地挑肉吃。可节日一过，赖氏宣布，挑走的肉折成银子，以后按所折款数摊派地租。有个宋项寨的人挑走的肉最多，摊派的地租最重，实在负担不了，求减免。赖氏免去其地银，但要他们专给自己抬滑杆，服兵役。从此，赖氏有了家兵，便更加肆无忌惮地残害百姓。阿昌人受不了他的盘剥，终于爆发了武装起义，杀死了赖氏。

另外，《亲妹子和晚妹子》《陪郎撑伞》《三兄弟打铁》《郎姑爹赢官司》《眉间长旋的姑娘》等等，都以不同的历史时期的现实生活为题材，从不同侧面反映了阿昌族的生产生活和风情习俗，寓意深刻，耐人寻味。

阿昌族民间口头文学中，流行着许多关于动物的故事，如《狗的故事》《猫的故事》《麂子豹子换工薅地》《豹子和猫打亲家》《牛无上牙马无胆》等等。这些色彩绚丽、饶有风趣的童话、寓言，将动物人格化，并赋予了人的思想特征，用拟人化的手法，表现人类社会的复杂关系。如《狗的故事》叙述了远古时代的一次大洪荒给人们带来的灾难。经过洪水的冲刷，庄稼全被淹没了，逃到山头上的少数人，成了后来人类的祖先。这些在山顶躲避灾难的人们，用树叶蔽体，采野果充饥。他们为今后的生活而焦虑万分。这时，一只狗从洪水中游了过来，它懂得了主人的焦虑，又返回水中，在水浅处，把尾巴伸到水中搅动，尾巴糊上了泥巴，泥巴粘了几粒谷种，狗把尾巴高高地翘出水面，游到了主人面前，靠着这几粒谷种，人们的生产活动又得到了继续。

《猫的故事》说的是：

在很久以前，阿昌族男耕女织，过着幸福的生活。后来出现了五只大老鼠，到处吃庄稼，地里的粮食再也收不回来了，老鼠还到处穿墙洞，谷囤里的大米也被它们偷吃完了。人们无法制服它们，便从天神那里求得了一只神猫。神猫从天上扑了下来，一下就逮住了五只大老鼠，它一只脚按住一只鼠，口里还叼住了一只，被叼住的这只老鼠很狡猾，它对猫说："我佩服你的本领，你敢不敢叫一声！"猫张开嘴，这只老鼠就逃了。老鼠没有除尽，从此，猫便留在了地上，它留下誓言，不根绝鼠害，便不回天庭。

民歌

阿昌族民歌种类繁多，内容丰富，一支支民歌唱词便是一首首优美的抒情诗。

在阿昌族民歌中，情歌的数量最丰富，也最富于生活情趣。

首部阿昌族音乐剧——《阿昌欢歌》

古老的情歌即古歌是用各种调式唱的。一种叫“相勒吉”，是男女青年在野外高声对唱的山歌，一般是触景生情，即兴作词。一种叫“相作”，是在夜深人静，青年男女在丛林里幽会时低声对唱的情歌，内容极为丰富，有世代流传的长篇叙事歌词，一唱就是几昼夜。还有一种叫“相勒摩”，也是一种对唱的情歌，调子十分优雅亲切，歌词含意也很深刻含蓄，比喻生动。

古歌与汉族和其他民族古时的诗歌一样，是融诗、歌、舞三位一体的民间艺术。古歌内容上分为古本、人情、花梢三方面，形式上每句字数不等，一般讲求对偶押韵。古本唱词比较固定，人情、花梢多为即兴创作。如有一支用“相勒摩”调子唱出的情歌《不能捉到你》，表现了青年男子爱情不能实现时的苦闷、急切的心情：

你好像春天里的一条鱼儿，
活跃在清清的池塘里；
只能见到你窈窕的身影，
但不能捉到你。
我张开鱼笼等着，
但你不愿进去；
美丽的姑娘啊！
这只能怪我手短，
不能捉到你。

对唱情歌，是阿昌族青年男女的一种娱乐活动，也是他们交流丰富、细腻感情的主要形式。歌词充满了生活的欢乐情趣。《黄鹂入园》唱到：

黄鹂入园吃生姜，
喜鹊进坡吃黄姜。
你说出的话啊，
早已随着别人飞向远方。
今天的甜言蜜语，

不过是用来暖暖我的心房。

这首古歌，以矛盾、喜悦的心情和机智风趣的语言，淋漓尽致地表现了姑娘微妙的心理状态。

现在，古歌对唱多在老年人中进行，而青年人则盛行用汉语对唱情歌，即山歌。阿昌族男女青年用汉语唱出的情歌，同样具有自己民族的生活特点。如情歌《石板搭桥过一生》唱到：

男：身背花篮采花来，
　　不知哪棵花树开。
女：春前有雨花开早，
　　朵朵花开等郎来。
男：上树采花花落地，
　　下树拾花籽定根。
女：上树采花花刺手，
　　下树拾花花沾身。
男：苦荞撒进甜荞地，
　　甜荞不串苦荞根。
女：小鱼烧汤莫嫌苦，
　　苦籽烧汤回味甜。
男：八哥吃水缸边站，
　　鹦哥吃水口应承。
女：口含沙子吐实话，
　　饭盒包饭口合心。
合：铜打香炉烧一世，
　　石板搭桥过一生。

这样的对歌，善用比喻，双方的感情，表达得既含蓄又形象，简洁而明快。又如《送路》山歌，是在男女青年相互送别时对唱的。

男：大河流水转个弯，
　　山脚分叉各一方。
女：筲箕滤饭暂分离，
　　米汤泡饭又相遇。

这样的唱词，比起相互说“再见”，更富有情趣。

阿昌山歌，内容丰富，有《仁义山歌》《夸口》《送路》等套数。青年男女对歌，往往通宵达旦地进行。情歌成了他们联系感情的纽带，疏通关系的桥梁，这是阿昌族民间文学中极其丰富的宝藏。

谚语、谜语、歇后语

阿昌族的谚语、谜语、歇后语十分丰富，它们言简意赅，通俗易懂，深受大众喜爱。

阿昌族谚语内容广泛，涵盖了真理、爱憎、团结、友情、学习、教育、品行、修养、勤劳、节俭等方方面面。如：

猎物害怕猎枪，谎言害怕真理。

有斧砍倒树，有理说服人。

煮饭要放米，说话要讲理。

火烧芭蕉，皮死心不死。

公牛不下儿，稗子不结谷。

干鱼做不得猫枕头。

鹭鸶跌倒嘴撑持。

说死莲花一支藕。

马屎外面光，里面一包糠。

独篾编不成箩，独瓦盖不成房。

一花不是春，独木不成林。

一只蚂蚁搬不动一粒芝麻，一群蚂蚁能抬走一只青蛙。

刀不磨不快，人不学不懂。

一回生二回熟，三回四回当师傅。

人看起小，马看蹄爪。

为人不做亏心事，半夜打雷不着惊。

人勤地生宝，人懒地生草。

人勤不穷，坐吃山空。

精打细算，有吃有穿。

吃不穷，穿不穷，不会计划一世空。

人哄地肚皮，地哄人肚皮。

越闲越懒，越吃越馋。

另外，反映农业生产的谚语也很多。如：

有雨山戴帽，无雨云拦腰。

有雨天边亮，无雨顶上光。

好种出好苗，好树结好桃。

庄稼要好，水肥要饱。

不怕田瘦，就怕田漏。

冬天比粪堆，秋天比谷堆。

阿昌族的谜语想象力丰富，比喻生动贴切，极富生活情趣。如：

高高山上一个碗，天天下雨不会满（鸟窝）。

一块布，会走路，剪不断，撕不烂（河水）。

无脚会走路（扁担），有脚不走路（板凳），有嘴不吃谷（碓），无嘴倒吃草（镰刀）。

兄弟七八个，围着柱子坐，大家一分手，衣服就扯破（大蒜）。

阿昌族的歇后语通俗易懂，语言生动幽默。如：

空心竹子做房梁——省心。

篱笆缝里看人——小瞧别人。

猫吃干腌菜——抓打不开。

秧鸡做窝——藏头露屁股。

豹子借猪——有去无回。

乌龟跌在石板上——硬碰硬。

巷道里牵牛——直来直去。

巷道心扛大竹——直进直出。

鸡吃豌豆——心中有数。

艺术

阿昌族的表演艺术具有鲜明的民族特点，造型艺术中雕刻水平较高，绘画较简单和原始。其中，在某些方面，阿昌族的艺术与历史上受汉、白、傣等民族的影响有关系。

表演艺术

阿昌族能歌善舞，在长期的历史发展过程中，其民间音乐艺

鼓镲舞

术和丰富的民间口头文学紧密结合，传播着阿昌族古老的历史文化知识，构成了阿昌族精神生活的一个重要方面。阿昌族传统的民间音乐分为民间歌曲、舞蹈、民间器乐、戏剧四大类。

民间歌曲 按其音乐体裁、表现内容及演唱形式，可分为山歌、叙事歌、风习歌、祭祀歌、舞蹈歌等，其中最古老的是叙事歌和风习歌，而流行最广的则为山歌。山歌又分为“候承山歌”“邀约山歌”“交结山歌”“夸口山歌”“辞别山歌”“送路山歌”等，均用一个曲调演唱。演唱时，男女均用小嗓（假嗓），曲调高亢委婉、清脆动人。流行于梁河、腾冲等县阿昌族地区的山歌，主要是《扎尼斯瑙开》，演唱时主要用汉语。

阿昌族的舞蹈音乐比较单纯，表演形式主要有两种：一是载歌载舞式，如梁河的“蹬窝罗”；另一种是仅用打击乐伴奏，如陇川县户撒地区的“长刀舞”“棍舞”“象脚鼓舞”等。

阿昌族妇女敬酒歌

▲ 象脚鼓舞是小伙子在节日中狂欢的舞蹈

舞蹈 阿昌族的舞蹈以象脚鼓舞和窝罗舞（蹬窝罗）最为著名。象脚鼓舞的特点是击象脚鼓者和敲镲配合跳，对数不限。在舞蹈进行中，敲镲者始终和击象脚鼓者斜对着跳，双脚前后左右跳跃挪动，身体一起一伏，两脚时蹬时收，时退时进，时跨时蹲，很有节奏。

窝罗舞是阿昌族最古老的传统歌舞活动，逢年过节、喜庆丰收、迎娶新娘、招待客人等时举行。它有一整套完整的舞步和艺术造型，基本造型有“双凤朝阳”“双龙行路”“日头打伞”

◀ 象脚鼓

窝罗舞

“月亮戴帽”“金龙转身”等固定形式。舞步模拟一些飞禽走兽的动作，如“的的吊鸟不落树，麻雀不走杈杈路”“猛虎下山探路行”等。舞蹈一般以“竹鸡下树拍翅鸣”为开头，用“竹鸡双双归巢林”为结尾。舞蹈结构严谨，层次清晰，动作形象生动，情绪欢快热烈，生动地表现了人们追求吉祥幸福的美好愿望，体现了阿昌族勤劳勇敢、质朴豪爽、团结友爱的民族性格。

乐器 阿昌族的民间乐器很丰富，可分为吹奏乐器、弹拨乐器、拉弦和打击乐器四类。吹奏乐器有葫芦箫、三月箫、稻秆笛、唢呐、大号（铜角）以及口弦、木叶等。拉弦乐器以三弦、二胡等最具特点。打击乐器有象脚鼓、铓锣、韵板、大鼓等。

铜镲

葫芦丝

戏剧 在阿昌族地区流传的戏剧有《使春牛》《鲁班调》《采茶调》《财门调》《三字经调》《挑花调》《破花名调》等。这些戏剧大多在春节及农闲节庆时表演，人物较少，剧情也较简单，台词的共同特点之一是都包含着祭祀的内容，如《鲁班调》中出场的人物便有“大仙”“童子”“土地”“神女”等。台词为：

土地土地，腰里有点仙气，仙风一吹，扫天刮地。一扫风调雨顺，二扫国泰民安，三扫家家清洁，四扫马放南山，五扫五谷丰登，六扫禄位高升。

这些诵词有明显的祭祀特点。这些戏剧的另一个特点是采用方言土语，插科打诨，诙谐有趣，正话反说，惹人发笑；台词中包含了丰富的生产知识和生活经验，例如《使春牛》中有一段这样的台词：

墙头一蓬葱，抓把土来壅，好块平阳地，勤牛要走，懒牛要耕。勤牛不走，懒牛不耕，五谷哪里生？买针买鼻子，相老婆不如相舅子。勤牛细角，懒马多鬃。牛角细细长，必定打架王；角

阿昌族重视农业稻作文明，戏剧《使春牛》就是表现这个古老习俗的

阿昌族佛塔

粗尾巴细，必定好力气；腰弓屁股塌，必定走得辣；粉嘴画眉眼，使它遍山撵；莽头沓角，好使难捉，兜裆一角。被在两脑尖山，一池井水不干，青草一洼，绿草一塘，撒给他一泡尿，胖了苍蝇滚得下来。

戏剧演出时气氛活跃，深受大家喜爱。

造型艺术

阿昌族的造型艺术中，以雕刻最具特色，有较高的水平。阿昌族喜欢在家具、建筑物、佛龛等上面雕刻各种形象生动的动植物图案。各种银饰品和刀壳等器物上的雕刻更为精美别致。最常见的图案有十二生肖图，各种花卉、异草等。图案纹路清晰，栩栩如生。陇川户腊撒地区的佛寺建筑物上的雕刻精细无比，形象逼真。佛塔的塔身用砖石砌成，高数丈或数十丈，塔基呈多角形，每角各有佛龛，中刻有佛像，中部为圆锥形，上部为螺旋形，往上渐细而尖，直插云霄，上贴金箔，顶端装置黄铜镂花成的璎珞，在太阳的照耀下，金光万道，灿烂空际。金塔建筑之大及雕刻之精美，令人惊叹。

阿昌族的绘画，大多与宗教相结合，如佛龛、烛台以及祭祀器物上的彩画，送“康袍麻翁”（鬼名）时木头上画的八卦、太阳、月亮、树木、花草等，多系单线回纹或直纹图案，成为人们日常生活中所熟悉的象形图画等，一些地区的建筑物上也有山水、花、鸟及人物画，描绘妩媚动人，是各民族文化交流的结晶。

第九章
阿昌族教育体育娱乐游戏

阿昌族传统教育、体育、娱乐游戏源远流长，是阿昌族历史文化的有机组成部分，是阿昌族世世代代在长期的生产生活和社会实践中所形成的，与其社会历史、风俗习惯、生产生活、歌舞娱乐等有着密切的联系。

民间传统教育和现代学校教育

言传身教是阿昌族民间传统的教育形式，其主要特点是教育没有成为专门化部门，只是一种自发性教育，它多与劳动生产和日常生活一起进行，没有固定的教育场所。男孩子长到七八岁，家人外出劳动的时候，就常把他带在身边，空闲时便教授些传统生产技能，如耕田犁地、打制铁器等。随着年龄的增长，男孩儿逐步就可以独立进行相关的生产劳动了。女孩子到了十四五岁时，就会从母亲或姐妹们那里学习到染线、织布、绣花等手艺和有关生活的本领。

纺线

阿昌族没有文字，其丰富的民间文学艺术，也是靠言传身教的民间教育形式流传和继承下来的。如产生于阿昌族早期，有两千多行的《遮帕麻和遮咪麻》，就是靠一代代"活袍"（经师）口耳相传，保留到今天的一部创世史诗。

近代以来，阿昌族地区有了私塾，极少数阿昌族儿童受到了汉族文化教育。据20世纪50年代初统计，阿昌族的青壮年文盲率达90%以上，学校教育几乎为0。20世纪50年代以后，阿昌族地区有了学校，目前，阿昌族的教育已初具规模，入学率、巩固率和合格率逐年增加。梁河县47个阿昌族村寨已有小学31所，其中完全小学7所。适龄儿童的入学率达99.3%，巩固率85%，合格率80%。每万人中，有中学毕业生120人，中专毕业生150人，大学毕业生29人。新中国成立以来到1990年，少数民族最高学府中央民族大学毕业的大学生就有10人。有的一家人就先后有两人考上了中央民族大学。各项比例都居当地其他少数民族之首，是当地文化教育发展比较快的民族之一。

圣雄希望小学

教学楼

为使阿昌族的文化教育再上一个新台阶，当地教育部门已在积极筹建阿昌族全寄宿制小学，同时抽调一大批教学质量高、责任心强的汉族教师到阿昌族地区任教，另外，一批本民族学人，试编出以汉语拼音字母为符号的阿昌文拼音方案，准备作为扫盲和进行阿昌文、汉语文双语教学使用，以便促进汉语成绩的提高，加快全民义务教育的实施。

民间体育活动

阿昌族的民间体育活动丰富多彩，有使秋千、武术、气功、棋类等。

使秋千

每年的大年初一到十五，半个月的时间里，是阿昌族最盛行使秋千的季节。阿昌族的秋千为“甩秋”和“轮秋”两种。

阿昌族山寨秋千场

阿昌族秋千架上的男子，没有任何安全保护措施，仍然行走自如

甩秋 是用竹子做秋千架，一边六棵高大的竹子交叉成八字脚形，交叉上端处平放一棵横档，再从横档上吊下两丈多长的牛皮绳，绳上不放踏板，使秋时，人站在秋绳上，两手各握一根秋绳，一蹲一立来回摆动，越摆越高。技艺高超者，可以一脚离开秋绳，往后翘起，呈雄鹰展翅状，甩秋比赛以秋绳荡平的程度以及所做的动作技巧难度来决定胜负。

轮秋 又称为“风车秋千”，多在喜庆节日举行。场地中央立四根高约3米的木柱，柱距约3米，柱顶架一横梁，横梁中央套一个宽约1米的木制十字形滚轴，如车轮状，滚轴上有各长约2米的四对平行足，足端系短绳，绳端拴一木板，形如秋千。玩时，四人各坐一木板上，使滚轴转动，上下升降。各人脚触地时即用力蹬地。因秋千架如风车旋转，“风车秋千”由此得名。

阿昌族武术

阿昌拳

武术

阿昌族的武术名目繁多，内容丰富，有拳、棍、刀、矛等种类。武术活动随时随地均可进行。

棍术，即“晃赖过”，它分为单头棍、二节棍、三节棍等。刀术即舞刀，也叫“猫赖过”，有双刀、单刀、关刀、剑等种类。拳术，又分公鸡拳、猴拳、十字拳、四方拳等，其中四方拳就是从中间一点开始打起，打到四个角，形成四方形而得名。此拳往往左击右防，出奇制胜。十字拳则从十字的一端开始，先打到十字中心然后逆时针转着打，每打到十字一端，都要跳回十字的中心，直转着打回到开始点结束。猴子挑水拳实际是棍术，表演者一脚踢起长约1.5米的木棍，右手趁势抓住，左手立刻捏住另一端，往肩后一扛，来个猴子挑水动作。左手放开，右手把棍舞到面前，棍绕圈，右脚往前跪，棍子随着直刺出去，动作干净利落，随之站起，左手反握棍靠拢右手，右手又握住棍子的另一端，猛劈出去。然后收回右脚和棍，立正向观众点头致意。阿昌族的刀、拳、棍术和徒手拳，开势和收状时，都要携器械或抱拳向观众作揖，以示本人拳术不高，请高手包涵，这已形成规矩，否则要被人耻笑。

"活袍"曹连文

"活袍"气功，源于阿昌族"活袍"（经师）为人驱邪治病时使用的气功活动。其特点可以概括为高度入静，外气内收，内气外放，无须意守，是外气型的静养功。"活袍"气功分为坐式和跪式两种功法。坐式功法的功理是：从曲膝抬臂双手掌心相对开始，足三阴足三阳等经络的经气就开始加快流通。由于采取平心静气的深呼吸法，直接触动了带脉，带脉垂到小腹肾脏，并直接和足三阴足三阳、冲、任、督脉相通，使上下经络之经气加强流通。跪式功法的功理是加强了带脉，进一步推动任督脉和十二经络，使全身气血量增大，扩大外气内收、内气外放的物质能量，使功力增大。由于下跪头顶部和手低于腰部，经气对头部手指的冲击量增大，所以，有利于智力开发，对上身疾病的防治有特殊疗效。"活袍"气功具备了中华气功的一般特征，也具有它的特殊性，它是一种不自觉的"自然"功。它不仅能强身健体，还可以利用外气发放为他人驱邪治病。

棋类

阿昌族的棋类比赛别具特色，种类有乘棋、捉棋、桃核棋等。

乘棋 两人对阵，共有24枚棋子，各执12枚。两人落子时，一前一后轮流落子。棋子落在直线相交的点上，直到落完24枚子才开始走棋。走棋时将棋子沿直线移动，每次只能从上个相交点走到最近的一个相交点。棋子可以来回走，也可以一直往前追击阻截。每个相交点只能落子或走子一枚，因此，交叉点空白时，棋子才能走动。当棋子走到三枚在一条直线上时，就算获得了攻杀对方的"一乘"。落子时，若能使三枚落在一条直线上也是一乘，一乘就可以把对方的任何一个子吃掉。若落子时一乘吃子，这个子的空位不能再落子，走动棋子时，则可任其出入。这样直到把对方的棋子吃得使其无法乘吃自己，方算获胜。乘棋棋盘简单易做，棋子可以是石子、树枝、豆粒等。玩时攻守结合，斗智斗勇，厮杀激烈，深得人们喜爱。

捉棋 又称西瓜棋，两人对阵，各执7枚棋子。首先摆好图，然后先后轮流走动，每次只走一个交叉点。将对方的棋子围起来再没有去处时，被围的棋子就算死了。谁的棋子先被围完，谁为输家。捉棋的棋盘、棋子与乘棋相同，简单实用。捉棋因属对抗和攻击性竞技棋类，费时不多，在阿昌族民间普遍流行。

桃核棋 俗称“五麻子棋”，因棋子是破为两半的桃核得名。可以由2~4人同时参赛，每人择一棋子做标志，在开始时摆在自己选择的方位上。每人双手合掌摇撒5枚桃核半棋子，因而得名“五麻子棋”。规则是每人轮流摇撒棋子在地上，视所撒5枚桃核半面棋子在地上的翻盖情况，决定自己的标志棋子所走的格数。若所摇的桃核棋子全翻在地和全盖在地，叫“五麻子”，标志棋子可走5格；只翻1枚，叫“丁”，标志棋子可走1格；翻2枚叫“二麻子”，翻3枚叫“三麻子”，翻4枚叫“四麻子”，所走格数依次为2格、3格和4格。谁的棋子先从“家”里出来，沿最外边的格子走完一圈，先回“家”为胜者。桃核棋在阿昌族地区家喻户晓，尽人皆知。

娱乐游戏

阿昌族的娱乐游戏主要有唱山歌、跳舞、打陀螺和簸子等形式。

唱山歌和跳舞

唱山歌和跳舞是阿昌族男女老少不可缺少的娱乐方式之一。人们把唱山歌和跳舞当作一种习惯，喜怒哀乐都能通过歌舞表达出来。在田间地头，人们边唱山歌边劳动，以此抒发劳作的辛苦。赶马的人边赶路边唱赶马调。放牛的人一边放牛，一边悠闲地唱山歌，以歌代言，以歌传情，自娱自乐。阿昌族有句俗语说

阿昌族舞蹈

梁河阿昌族节日舞蹈

"阿昌生得犟，不哭就要唱"。在阿昌族村寨，每当逢年过节，或起房盖屋，或婚丧嫁娶，或访亲探友，都有跳窝乐舞、跳象脚鼓舞的休闲娱乐习俗，尤其是在农闲和节庆时节，往往是全村寨男女老少通宵达旦地欢歌狂舞，景象蔚为壮观。

打陀螺

打陀螺游戏在阿昌族少年男子中比较盛行。陀螺阿昌语称"得螺"，用坚硬的青果树或榨桑树制成，分平头、尖头和圆头三种形状。顶部往往还抹上蜡脂，底部视陀螺的大小，钉一根相应粗细的铁钉做脚。玩耍时，用一根麻绳缠绕起来，手握线头猛力将陀螺放到地上，让其旋转。参加者同时将陀螺放在地上旋转，转的时间最长者当霸王，有权惩砸旋在地上的陀螺。被惩砸的陀螺往往被霸王陀螺砸得伤痕累累，坑坑洼洼，甚至被砸得一破两半，被淘汰遗弃。

簸子

簸子娱乐形式在阿昌族少女中颇为盛行。玩时可以两人对玩或多人合伙分甲乙两方对玩。其方法是，以右手或左手持10个左右小石子，抛向空中，迅速用手背将石子接住，然后再迅速将手背的石子接回手心，接住几个就是“吃到”几个子。然后再从1盘玩到5盘或10盘。玩盘时，把石子撒在地上，从中选一个石子作母子，将母子抛向空中空隙间将地上的石子捡起，再迅速接住落下的母子。玩1盘时抛一次母子捡一个子，捡完为止。玩2盘时抛一次母子捡2个子，捡完为止。玩3盘时抛一次母子捡3个子，捡完为止。以此类推，一直玩到5盘或10盘。玩盘时接不住母子为败，又轮到同伙的下一个人或对方玩。同伙下一个人将从前一个人失败的盘数接着玩。一方全部轮败便输给对方，对方照此方法一直玩下去。

蹬窝罗

另外，阿昌族的娱乐游戏还有“端岗”“打野仗”“扭棍”“摔跤”等，也别具特色。

第十章 阿昌族民族乡

中华人民共和国的成立，谱写了民族平等团结进步的新篇章，阿昌族同各民族一样成了中华民族的一员。阿昌族民族乡的设立，使阿昌族有了自己管理自己内部事务、依法行使当家做主的权利。目前，全国共设有户撒阿昌族乡、曩宋阿昌族乡和九保阿昌族乡三个阿昌族民族乡。三个阿昌族乡分布于云南省德宏傣族景颇族自治州的陇川县和梁河县。

户撒阿昌族乡

户撒阿昌族乡位于云南省德宏傣族景颇族自治州陇川县西北部，南北与盈江县接壤，南与缅甸交界，国境线长4.35公里，距县城章凤53公里，全乡的总体面貌是一个船形的河谷盆地，四周高山环绕，海拔在1 380~2 138米之间，南北长26.5公里，东西宽9.5公里，全乡总面积为251.5平方公里。户撒乡隶属陇川县，乡政府驻户撒，距陇川县人民政府所在地章凤镇50公里，道路为弹石路，交通方便。

户撒阿昌族乡辖坪山、保平、腊撒、芒炳、明社、项姐、户早、隆光、朗光、芒捧、潘乐等11个村委会，126个村民小组。2012年统计，全乡总人口为24 339人，其中少数民族人口16 131人，占总人口的66.2%，阿昌族人口为12 007人。

金色的秋稻田一片金黄。这是被称为“佛祖的花园”的著名阿昌族乡——户撒坝

户撒阿昌族乡，在唐宋时期属南诏、大理政权管辖。元属云南行省金齿宣抚司平缅路管辖。明洪武年间设甲管辖。明正统年间设土司，分封赖罗文、况本为把总，把户撒坝子分为户撒、腊撒两段，分别掌管，成为这里的世袭领主。明末清初，吴三桂把户撒、腊撒改为“勋庄”。雍正二年（1724）归腾越州管辖，乾隆年间，设户撒、腊撒长官司。民国三年（1914），改土归流，

户撒归并入陇川。民国十六年（1927），腊撒划归盂卯行政区，户撒划归盈江行政区，后来腊撒属瑞丽设治局，户撒属盈江设治局管辖。中华人民共和国成立后，1950年6月，户撒、腊撒统归盈江县，设建一乡（今隆光）、二乡（今朗光）、三乡（今潘乐）、四乡（今保平）、五乡（今曼炳）、六乡（今麻茄）。1952年4月，建置区政府，称盈江第三区，并划出麻茄乡。1955年土地改革，称户撒腊撒区。1958年划归陇川县，称户撒区。“文化大革命”时期改为东风公社。1984年设区建乡，恢复户撒区。1987年，实行大乡制，撤区建乡，即今户撒阿昌族乡。

户撒阿昌族乡自古有“佛祖的花园”之称。

相传，在很久以前，佛祖释迦牟尼要给人间建座“帕腊宾否孙吾艳”（傣语，意为“佛祖的花园”），当他看到山清水秀、风景宜人的高原坝子——户撒时，就决定在此建人间花园。他修沟挖塘、种花植树、建寺造塔，花园建好后，派亚写嘎当嘎素和亚写们喊两个弟子看守和管理。数年后，阿昌族先民来到户撒坝居住生活，为表达对佛祖的敬意，就把他种下的鲜花移栽到自己家附近，精心看护。这个传统一直延续至今。

户撒阿昌族乡资源丰富，全乡耕地面积为47 740亩，其中：水田36 078亩，人均耕地达2.2亩，还有25度以下荒山荒坡2.6万亩未开发利用。境内拥有公路里程100多公里，其中省道24公里，县乡公路20公里，乡村公路60余公里，基本实现村村通公

美丽的油菜花

路，水力资源尤佳，户撒河下游有梯级电站2座，总装机容量11 820千瓦，发电量4 646.5万千瓦，矿藏主要有煤，目前已探明储量为355.4吨，还有相当数量的硅石和储量达50万吨以上的瓷土。另外户撒阿昌族乡民族手工业相当发达，最为有名的是户撒刀和银器首饰，特别是户撒刀在国内外都具有一定的市场。

户撒阿昌刀大赛

户撒红心猕猴桃

户撒阿昌族乡林地、适林地面积24万余亩，森林覆盖率达54%，属南亚热带高原湿润性季风气候，四季分明，雨量充沛，适宜多种作物生长。全乡主要种植作物有水稻、油菜、玉米、草果、板栗等，是全国典型的山区农业乡。为了加快发展，户撒阿昌族乡提出了“粮油稳乡，特色兴乡，科技强乡，市场活乡，文化立乡，依法治乡，近抓畜牧，远抓林果，示范引路，全面发展”的思路，利用自然优势，加快发展，民族整体素质和生活水平得到提高，现已基本建成全县的优质稻、优质油料基地，全州的草果、板栗之乡，另外畜牧业也得到较快发展，由过去向外购入仔猪变为向外输出，逐步形成仔猪基地。种植业为主要特色产业。2008年种植主产业全乡销售总收入4 218万元，占农村经济总收入68%。目前正在发展优质稻特色产业，计划大力发展草果、板栗、蚕桑、核桃、刀具、工艺品等产业。

户撒阿昌族乡是阿昌族文化的重要发祥地，阿昌族文化资源丰富多彩，特点浓郁，因开展民族民间艺术工作成绩突出，2000年文化部命名户撒阿昌族乡为“中国民间艺术之乡”。

户撒河

户撒阿昌族乡小乘佛教文化氛围浓郁，这里有众多的佛寺、奘房和佛塔等佛教建筑，以“六寺”“九塔”和“五十奘”较著名。

六寺，即朗光皇阁寺、曼东观音寺、姐别皮鹿寺、曼岗弥勒寺、老街寿福寺、腊撒三教寺。这些佛寺多为明代建筑，大都属于南传上座部佛教寺庙。皇阁寺由上下两寺组成，上寺称皇阁寺，下寺称报恩寺，故又叫皇阁报恩寺。始建于明代洪武年间（1368—1398），为当时统治云南的沐英屯兵驻防户撒时所建。是上座部佛教、大乘佛教与道教合一的寺庙。第一殿供释迦牟尼佛，第二殿供观音等三菩萨，第三殿供玉皇大帝和王母娘娘金身。据现存碑文记载：皇阁寺建于明洪武年间（1368—1398），报恩寺建于清雍正十一年（1733），皇阁报恩寺曾于清乾隆十二年（1747）、嘉庆十一年（1806）、同治十三年（1887）三次扩建修葺。其建筑面积达1 000余平方米，有三道天门，各寺均为独立的四合院。外观为城楼式，蔚为壮观。

九塔，即潘乐姐别金鸡塔、陇光曼门白象塔、曼捧白马鹿塔、海喃乌龟塔、腊撒白兔塔、曼旦高山寺塔、曼那白塔、贺姐白塔和拉启白塔。这些塔多为明清建筑，属南传上座部佛教塔。

五十奘，即曼卖上寨奘、曼卖下寨奘、曼怕奘、曼捧奘、赖吉奘、广很奘、沐城奘、腊姐奘、贺洪奘、姐来奘、上曼东奘、下曼东奘、曼弄奘、曼门奘、线董奘、项姐奘、东么奘、宋项奘、曼回奘、曼来奘、曼景奘、曼旦上寨奘、曼旦下寨奘、新寨奘、贺姐奘、下腊姐奘、帮寺奘、海岛奘、邦熬奘、老汪奘、下曼海奘、曼困奘、拉启奘、加孔下寨奘、加孔大寨奘、曼岗奘、老混奘、铅乐奘、连勐奘、上曼海六担奘、户早奘、下户昔奘、上曼旦奘、腊撒曼棍奘、曼娥奘、江蚌奘、曼别奘、曼板奘、贺勐奘、曼蚌奘。五十奘中大多建于明清时间，一般占地160~180平方米。奘房中柱高约6~8米，共48根立柱，按高矮顺序组成。结构为三层、四出水、方翘角、三方板壁、木楼板。奘房正面统一向东，所供佛龛和佛像也面向东摆放。奘房既是阿昌族的宗教活动场所，也是平时休闲娱乐、集合的地方。

曩宋阿昌族乡

曩宋阿昌族乡，建于1987年，位于云南省德宏傣族景颇族自治州梁河县东北部，地处南甸坝子上部，大盈江两岸，是全国三个阿昌族乡之一，是阿昌族聚居的主要地区。乡政府曩宋关距县人民政府驻地遮岛10.7公里。海拔1 080米，东接平山乡，南连小厂、九保阿昌族乡，西靠河西乡，北邻保山地区腾冲县荷花乡，是保（山）——瑞（丽）公路线上的一个重要枢纽，有梁河县“北大门”之称，交通便利。乡内有三个历史悠久的农贸市

曩宋阿昌族乡人民政府

场，是商品主要集聚地，也是市场交易最活跃的集镇。曩宋关集镇位于曩宋乡的中部，是整个曩宋阿昌族乡的政治、经济、文化中心。

在梁河县曩宋阿昌族乡关璋村百年古树下拍摄阿昌族音乐电视作品

曩宋阿昌族乡历史悠久，唐代属软化府罗寻城。元至元二十六年（1289）属南甸路军总管府。明永乐十二年（1414）属南甸路土知州。清道光二十六年（1846）上芒东、芒林行政村属腾越厅清水乡，其余属南甸宣抚司。1949年前上芒东、芒林、马茂、曩宋4个行政村属腾冲县清水乡，其余属南甸宣抚司与梁河设治局共管。1950年上属腾冲县清水乡改为第三区，其余属梁河县第一区。1956年11月划归梁河县河西区。1958年8月划归腾冲县河东区，境内设河东、曩宋乡，1959年改设曩宋公社，辖曩宋、河东、马茂、芒东、关璋、下瑞泉6个大队。1961年恢复梁河县制，设曩宋区，辖曩宋、河东、芒东、关璋、下瑞泉5个乡。1965年增设弄行乡，1969年增设马茂乡，1971年增设弄行大队，1981年增设芒林大队。1984年恢复区

曩宋阿昌族乡文化服务中心

囊宋阿昌族乡

乡制，囊宋乡改囊宋镇。1987年贯彻落实中共中央国务院《关于加强农村基层政权建设工作的通知》，根据省、州“撤区建乡”体改工作的精神，将原有的囊宋区改为囊宋阿昌族乡。

囊宋阿昌族乡总面积为111.22平方公里。地势东南和西北高，地质构造复杂。境内多山和河流，有“五山七河一江”之称，五山即象脑山、象老山、五台山、盘龙山、杨伞花山，七河即墩欠河、护赛河、小沙河、囊宋河、拉帕雅河、南庆河、弄行河，一江即大盈江。这里海拔为1 080~2 100米。属南亚热带季风气候，年平均气温18.3℃。建乡时总人口为20 905人，包括汉、阿昌、傣、佤等民族。其中阿昌族3 121人，占总人口的14.9%。现辖9个行政村，49个自然村。截至2012年末，总人口为25 000余人。其中，阿昌族为4 200余人。

囊宋阿昌族乡的主要产业为种植业、养殖业。主要种植水稻、甘蔗、茶叶、滇皂荚、白花油茶、姬松茸等，养殖猪、牛和鸡、鸭等。大盈江、囊宋河交汇之三角地带，素称鱼米之乡。境内矿产资源以煤为主，主要分布在长坡、弄别、弄丘、弄光，还有少量的褐色大理石，主要分布在燕子场一带。

囊宋阿昌族乡1990年被国家民委评为“全国民族团结进步”先进集体，被云南省教委评为教育先进乡。

九保阿昌族乡

九保阿昌族乡隶属于梁河县，位于梁河县中部，是全国三个阿昌族乡之一，是县城的近郊乡，乡政府驻地九保镇距县城遮岛镇2.5公里。全乡面积156平方公里，辖九保、丙盖、横路、安乐、勐宋、勐科6个村委会，39个自然村，67个村民小组。截至2012年底，全乡总人口15 295人，其中，阿昌、傣、德昂、傈僳等少数民族人口占全乡总人口的47%，阿昌族人口占全乡总人口的27.6%。共有三个阿昌族村委会，均保留着本民族的语言、服饰和文化和过传统阿露窝罗节的习惯，有着独特的民族民间文化。

九保阿昌族乡

九保阿昌族乡政府驻地九保，自古以来就是交通要道，是古代腾越州的第“九堡”，是滇西古丝绸之路通道重镇，是辛亥革命名将李根源的出生地。据资料记载，东汉明帝永平二年（公元69）九保古名南宋，明初改名为南甸营、南甸城，洪武十五年（1382）升为南甸府。清属腾越厅，沿至1912年。九保、勐宋行政村至1956年，一直属腾冲县，其余属南甸宣抚司辖地。1956年11月15日九保、勐宋划归梁河县，属河西区九保镇，九保为区政府驻地。1958年10月22日划归腾冲县，1959年属遮岛公社设九

柑橘

荷塘

保大队，九保为公社驻地。1961年恢复梁河县制，属遮岛区，县境设九保、丙盖、安乐3个乡，区政府驻地九保。1969年改名红旗公社，1971年恢复九保大队，1984年设九保区，辖九保镇、勐宋、安乐乡及丙盖、勐科、横路3个阿昌族乡。1988年2月改名为九保阿昌族乡。

九保阿昌族乡属南亚热带区域、亚热带雨林地带，年降水量1 390毫米，年平均气温18.3℃，无霜期288天，干湿季节较明显。适宜种植水稻、甘蔗、莲藕、油菜等农作物。2012年统计，九保有常用耕地总面积31 826.7亩，其中水田16 654.2亩，旱地15 172.5亩，主要种植甘蔗、水稻、茶叶、油菜作物。拥有林地

73 517 亩，其中经济林果地面积 853.9 亩，主要种植柑橘、柚子、草果经济林果。有水面积 5 737.8 亩，草地面积 8 839.7 亩。共有荒山、荒地面积 1 173.3 亩，其他面积 5 234.4 亩。

花鸡枞

九保阿昌族乡主要产业为种植业、养殖业，第二、三产业等，产品主要销售周边县市及县内。现在，九保阿昌族乡正在发展甘蔗、茶叶、姬松茸、莲藕、草果、蔬菜、核桃、本地胡子鲶等特色产业。

第十一章
阿昌族人物

民族悠久历史是由人民书写的，独特文化艺术是由人民创造的。在漫长的阿昌族历史长河中，勤劳勇敢的阿昌人，创造了丰富多彩、别具特色的农耕文化。在抗击日本侵略者，保家卫国，争取民族独立的斗争和建设西南边疆的事业中，立下了不朽功勋，做出了杰出贡献。在社会主义建设时期，各行各业的阿昌族人正以主人翁姿态，在各条战线上捷报频传，做出了应有的成绩。

传说人物早慨

早慨，传说人物，力能缚虎，走可追禽，能上直木，善弩射，通占卜，是世纪部落联盟世袭酋长制下的酋长。

爱国忠臣左孝臣

左孝臣（1848—1900），清光绪腾越厅茨竹隘土守备。光绪二十六年（1900）英国侵略军以勘界为名，入侵片马，清朝廷软弱，面临国破家亡。左孝臣率部英勇抗敌，身中8弹壮烈牺牲，137名部众弓弩手团勇全部阵亡。民国年间，李根源倡导立碑题诗。今碑仍在腾冲明光。

劳动模范曹依秀

曹依秀（1892—1970），云南省梁河县九保阿昌族乡干龙塘村人。20世纪50年代初，梁河地区开展了群众性爱国卫生运动，

曹依秀

曹依秀积极投身捕鼠运动，其事迹被编入《云南省小学语文课本》，捕鼠方法被拍成新闻纪录片。她曾先后5次受到毛泽东、周恩来、彭德怀等党和国家领导人接见，多次参加各类大会，被评为捕鼠能手、劳动模范、三八红旗手，到梁河各地区介绍经验，还被先后聘为中国医学科学院特约研究员，北京市卫生防疫站和云南省卫生防疫站技术顾问，北京医学院、昆明医学院、云南省医专特邀讲师。1962—1965年，连续三届被推举为政协梁河县委员会委员，两届常委。

民族上层人士赵启国

◀ 赵启国

赵启国（1900—1984），字子文，云南省梁河县九保阿昌族乡丙盖村人。1926年后，曾两次到缅甸玉石厂做工，并参加了旅缅华侨会。1950年5月，参加协商成立梁河县各民族行政委员会，被聘为民族委员。同年，他牵头恢复丙盖小学并任校长。1952年5月，被选为县联合政府委员，任文教科长。1953年底，赵启国调任德宏傣族景颇族自治州人民政府委员、德宏傣族景颇族自治州工交局副局长（后改为交通科副科长）。1956年12月在中缅联欢大会上，周恩来总理接见赵启国。1964年，赵启国调任州政协副秘书长。“文化大革命”中以“民族上层人物”遭到打击。党的十一届三中全会后，给他落实了政策，根据其要求，退休回家安度晚年。

革命老前辈项老佐

项老佐（1902—1995），云南省陇川县户撒阿昌族乡朗光村腊姐大寨人。陇川县阿昌族参加革命最早的老前辈之一，也是新中国成立后首批阿昌族干部之一。项老佐出身雇农，家庭贫苦，1950年户撒解放，他主动帮助工作队开展工作，成为开展农村工作的积极分子和依靠对象。1951年7月他被选为县代表，出席保山专区召开的各民族联合政府代表会议，当选为政协委员。9月参加边疆少数民族参观团，赴昆明考察，坚定了走革命道路的信心。1952年，项老佐正式被吸收为革命干部，历任盈江县第三区副区长、区长、副县长，陇川县副县长，陇川县民政局副局长等职。

抗日名将赵安顺

赵安顺（1917—1938），云南省梁河县九保阿昌族乡横路村芒掌老寨人，抗日名将。1931年，国民党云南地方政府在大厂筹备建立设治局，并成立民众自卫大队，负责设治局的安全。赵安顺被征兵到设治局常备队，因武功过人崭露头角，1937年抗日战争爆发，被调往前线，因军事技术出众，被推举为排长，后升任副营长。1938年，阵亡于台儿庄战役。抗战胜利后，国民党云南省军事部，向赵安顺之父寄来阵亡通知书，通知书写有“云南省南甸宣抚司大厂设治局，赵安顺抗日阵亡，抗日有功，其家属粮草杂派减免”等内容。

民兵模范们生祥

们生祥（1918—2001），云南省梁河县九保阿昌族乡那峦村人。1955年土改时期入党，其后，他响应党“组织起来”的号召，办起了合作社并被选为社主任。他担任合作社主任长达12年之久，在他的带领下，粮食连年增产。1967—1987年，他被聘为护林员，20年来爱林如命，不徇私情。附近村寨都知道山上有个“铁面无私的老们”“们铁头”，无人敢上山盗伐林木，有效地保护了国有和集体的林木。们生祥因在群众中享有盛名，曾先后被选为县和州的人民代表、政协委员，1953年出席省先代会，被评为先进生产者，参加省观礼团到北京欢度国庆，并受到毛泽东主席的亲切接见。

民兵模范们生祥

全国民族团结进步先进个人赵家培

赵家培，1950年12月生于云南省梁河县九保阿昌族乡永和村，中共党员。第七届全国人民代表大会代表、德宏傣族景颇族自治州人民代表大会常务委员会巡视员、德宏傣族景颇族自治州关心下一代工作委员会主任。阿昌族第一个正厅级干部。1977年11月参加工作，1983年12月至1993年4月担任梁河县人民政府县长，1993年4月至1996年4月担任中共梁河县委书记，1996年4月至2003年4月担任德宏傣族景颇族自治州人民政府副州长，2003年4月至2008年4月担任德宏傣族景颇族自治州人民代表大会常务委员会副主任。曾任中共德宏州委第一、第二、第三届委员会委员，中共云南省第六次党代会代表、第七届全国人大代表、云南省民族民间文学会会员。先后荣获省委省政府授予的“全省优秀县（市）委书记、县（市）长”、国务院授予的“全国民族团结进步先进个人”等荣誉称号。出版《云岭论坛》《阿昌之魂》《论新时期的党性修养》等著作。

赵家培

左绍钧

左绍钧，1946年12月生于云南省大理白族自治州云龙县曹涧镇大坪村。1964年12月至1971年3月在中国人民解放军7599部队服役。1971年4月至1979年12月在云南省砌体工程公司工作，任组织干事、工区党总支书记、工区主任、公司政治处副主任、公司党委副书记。1980年1月至1986年9月在云南省第一建筑工程公司工作，任公司党委副书记兼纪委书记。1982年9月至1984

年9月在中共云南省委党校中青年干部培训班学习。1986年10月至2006年3月在中共云南省委老干部局工作，任副局长、局长。中共云南省第六次、第七次党代表，中国人民政治协商会议云南省委员会第八届、第九届委员会委员，第九届民族宗教事务委员会委员。

穆光荣

穆光荣（1929—2006），云南省陇川县户撒阿昌族乡贺洪寨人。1952年1月参加工作，1956年7月加入中国共产党。1952年1月至1958年在盈江县民族工作队工作。1959年1月至1959年12月在户撒区委会工作，任区委委员、组织干事。1961年1月至1964年3月任户撒区武装部副部长。1964年4月至1966年1月任户撒区党委副书记、区长、法庭庭长，并当选为第三届全国人大代表。1971年3月至1974年1月任陇川县县委委员、户撒公社党委副书记、革委会副主任。1975年2月至1982年3月任陇川县县委常委、贫下中农协会主任、农会主任、户撒河一级电站党支部书记、工程指挥部总指挥。1982年3月至1983年3月任陇川县政协委员会副主席。1983年4月至1984年3月任德宏傣族景颇族自治州人民代表大会常务委员会副主任。

银恩铭

银恩铭 ▶

银恩铭，1937年生于云南省陇川县户撒阿昌族乡潘乐村小曼别寨。1956—1958年在云南民族学院学习，1958—1967年在陇川县公安局任副局长，1960年在云南省政法干校学习。1965年参加潞西县西山乡社教工作队，1968—1971年在陇川县“五七”干校劳动，1971年在陇川县清平区幸福乡、邦章乡工作，任生产大队党支部书记。1972—1976年在陇川县人保组（公安局）工作，历任副组长、副局长。1977—1984年在户撒公社工作，历任党委副书记、书记，1983年任中共陇川县委常委。1984—1988年任陇川县人民政府副县长。1988—1997年任德宏傣族景颇族自治州人大常委会副主任，全国第六届人民代表大会代表、省第七届人民代表大会代表。

先进工作者雷翁团

雷翁团，1954年7月生于云南省陇川县户撒阿昌族乡，中共党员，大专文化，第九届全国人民代表大会代表。1969年2月至1975年3月在部队服役，1975年4月退伍后在家务农。1979年1月至1986年9月在陇川县委组织部工作，任干事、组织部长，1987年1月任陇川县委常委，1993年4月至1996年8月任陇川县委副书记，1996年9月调任中共梁河县委第六届委员会委员、常委、书记。1998年后继续被选为中共梁河县第七届委员会委员、常委、书记，德宏傣族景颇族自治州政协副主席、云南省林业厅副厅长、云南省社会科学界联合会副主席。1996年以来，被云南省精神文明建设指导委员会评为精神文明建设先进个人，先后被州委、州政府、德宏军分区评为统战工作先进个人、优秀党务工作者、科技管理先进工作者、党管武装先进个人、扶贫工作先进个人。

雷翁团

“巾帼建功三八红旗手”孙春兰

孙春兰，女，1957年2月生于云南省梁河县杞木寨乡湾中村，中共党员，大学学历。1977年德宏州卫校毕业后留校工作至1996年，历任团总支书记、教代会主席、党总支副书记。1980年到广西柳州全国生理学中师班读书，1984年到昆明医学院生理教研室进修，1990—1992年到昆明医学院大专班读书。2002年毕业于昆明陆军学院政治理论本科班（函授）。1996年4—6月在省卫生厅挂职，任办公室主任助理，同年6—9月在云南省教委职教处挂职，任处长助理。1996年9月至2000年12月在州卫生局工作，任局长。2001年1—11月在州医药管理局工作，任局长。2001年11月至今在州药品监督管理局工作，任党组书记、局长，曾当选德宏傣族景颇族自治州第八届人大代表、第八届政协委员。1995年被评为德宏州“巾帼建功三八红旗手”，并参加在北京召开的第四次世界妇女大会。2006年被省政府评为云南省禁毒工作先进集体，得到州委、州政府的多次表彰。2008年3月当选人大代表出席第十一届全国人民代表大会，是阿昌族第一位厅级妇女干部。

孙春兰

气象学科带头人闫敬华

闫敬华（1962—2007），云南省陇川县人，研究员，正高级职称。1984年8月毕业于北京大学地球物理系，1987年中国气象科学研究院研究生毕业，理学硕士。1987年9月起在中国气象局广州热带海洋气象研究所工作，1993年破格晋升为副研究员并担任数值天气预报研究室主任，1996年因工作、业绩和水平能力突出被破格晋升为研究员。中国人民政治协商会议广东省第九届委员会常委，政协人资环委员会委员，省知识界人士联谊会常务理事，广东省气象局学科带头人，中国气象局广州热带海洋气象研究所学科首席，中国气象科学研究院研究生导师，中国气象学会数值天气预报委员会委员、水文气象委员会委员。

德艺双馨中青年艺术家曹先强

曹先强，1961年8月生于云南省梁河县曩宋阿昌族乡关璋村，中共党员，正高级职称。1985年7月毕业于中央民族大学汉语言文学系，文学学士。毕业后分配到云南电视台，先后在体育部、文艺部、大型活动节目中心工作。后于云南大学2001级研究生课程进修班进修民俗与民族文化专业。1996年5月任云南电视台文体部副主任，1997年破格聘为主任编辑，1999年2月改任文艺部副主任，2002年5月任体育部主任兼党支部书记。曾多次被评为先进工作者、优秀共产党员。其主创和负责制作的各类电视节目数百个，有十余个节目获国家级、省政府级奖励。1980年开始发表文学作品。至今已发表小说、散文、诗歌、报告文学、电视剧本和民族文化研究论文等著作共200万字。散文《故乡那高高的黏枣树》获第五届全国少数民族文学创作奖，曾两次获云南省“边疆文学奖”。主编作品有《阿昌族文化论集》与《阿昌族文化大观》，其成就被《云南作家传略》《中国少数民族作家辞典》《中国当代青年作家名典》等书收录。是阿昌族第一部音乐电视专辑《阿昌欢歌》总导演。任中国艺术家协会、中国少数民族作家学会等多种学术团体的会员或理事。2001年被云南省委宣传部、云南省文联授予“云南省德艺双馨中青年艺术家”称号。

◀ 曹先强

主任医师张益俊

张益俊，1965年10月生于云南省陇川县户撒阿昌族乡。主任医师，正高级职称。1989年7月毕业于云南中医学院中医系，医学学士。现任中国人民政治协商会议德宏傣族景颇族自治州第十届委员会常委，大理学院兼职教授，云南省医学会骨科分会常委，云南省创伤修复与重建学会委员，云南省血管外科学组委员，德宏傣族景颇族自治州医学会中医分会副会长等学术职务。1989年9月分配到德宏傣族景颇族自治州人民医院从事临床外科工作至今。1994年11月至1995年5月在昆明医学院第二附属医院骨科进修学习，1995年6月晋升为主治医师，1999年11月任骨科副主任，2001年10月竞聘上岗任骨科主任，2002年8月晋升为副主任医师，2006年4月被中共德宏傣族景颇族自治州委组织部任命为德宏傣族景颇族自治州医疗集团业务副总院长，2007年9月晋升为主任医师。

“活袍”赵安贤

赵安贤（1923—1997），“活袍”，云南省梁河县九保阿昌族乡横路村曹家寨人，当代阿昌族经师——“活袍”中最负盛名者。赵安贤是阿昌族创世史诗的传人，能用阿昌语念诵最完整的活袍经《遮帕麻和遮咪麻》。1981年由赵安贤诵唱，杨叶生翻译，云南民族学院学者杨智辉、兰克收集整理的《遮帕麻和遮咪麻》，由云南人民出版社出版发行。该书的出版发行，填补了阿昌族创世神话史诗

赵安贤

的空白，为阿昌族文化增添了光彩。2006年5月，该创世史诗被国务院批准进入国家级非物质文化遗产保护名录。

民间歌手赵安培

赵安培（1925—1999），“活袍”，民间歌手，云南省梁河县九保阿昌族乡芒掌新寨人。1959年6月至1961年7月担任原遮岛公社沙坡大队（现九保阿昌族乡横路村委会）大队长。他擅长“念四句”“蹬窝罗”和玩春灯等，虽不识字，但他说的“四句”出口成章，顺事而发，脍炙人口，被誉为“口头才子”。他通过说“四句”的形式，热情地歌颂共产党，歌颂社会主义和阿昌人民的新生活。1979年9月，出席全国民间文艺工作者会议，受到党和国家领导人的亲切接见。1980年，他到北京参加全国少数民族民间艺术表演，并被专业人员整理后在刊物上发表，较好地宣传了阿昌族的习俗风情。

“户撒两把刀”滕茂芳

滕茂芳（1926—1997），云南省陇川县户撒阿昌族乡曼东寨人，有名的铁匠师傅，打刀能手。与邻近来福村的张连沛两人号称“户撒两把刀”。1959年他担任曼东二社社长后，领导社员开展多种经营，担任社长的几年间，合作社粮食年年增产，经济收入年年增加。腾茂芳不仅是户撒地区的打刀高手，还是一位阿昌族民间文学艺术爱好者，曾先后担任陇川县政协委员、德宏傣族景颇族自治州政协委员、云南省作家协会理事、云南省民间艺术家协会会员、德宏傣族景颇族自治州民间文艺家协会会员及陇川县县志编纂委员会顾问。他也是一位著名的民间歌手，他演唱的阿昌族民歌《妹是一只点豆雀》，曾被德宏傣族景颇族自治州文联主办的《孔雀》杂志收载。20世纪80年代初，滕茂芳从县农具厂退职回户撒曼东老家，继续从事打刀及民间文学收集整理工作，为拯救阿昌族民间口头文学做出了卓越贡献，给后人留下了珍贵的文化遗产。

“户撒刀王”项老赛

项老赛，出生于1940年，云南德宏傣族景颇族自治州陇川县户撒阿昌族乡腊撒村人。人称“刀王”，是一个以打刀为生的民间手艺人，也是首批国家级非物质文化遗产项目户撒刀锻制技艺的代表性传承人。

生于打刀世家，自幼跟随父亲学习户撒刀的锻造技艺。成年后，项老赛遍访各村寨的制刀名师，博取众家之长，与自家的技术进行融合，形成了自己独特的制刀工艺，尤其以淬火工艺精湛而闻名。淬火是制作一把户撒刀成败的关键，稍不留神就会前功尽弃。项老赛经历了无数次的尝试，终于掌握了淬火的要义，他锻制的户撒刀，硬可削铜断铁，柔可绕指，缠于腰间，利可迎空挥断毛巾。

2006年，项老赛在第一届户撒刀锻制技艺评比中荣获第一名，被称为“户撒刀王”。至今，在户撒无人能够在淬火工艺的处理上超越项老赛。

项老赛

参考文献

1.《阿昌族简史》编写组. 阿昌族简史. 昆明：云南人民出版社，1986

2. 们发延. 阿昌族文化志. 上海：上海人民出版社，1996

3. 曹先强. 阿昌族文化大观. 昆明：云南民族出版社，1999

4. 中国人民政治协商会议梁河县委员会. 梁河阿昌族今昔. 昆明：云南民族出版社，2003

5. 们发延. 阿昌族风俗志. 北京：民族出版社，2006

6. 曹先强. 阿昌族文化论集. 昆明：云南民族出版社，2011

图片提供者

（按姓氏音序排列）

《阿昌之魂》
第 102 页
《梁河阿昌族今昔》
第 140 页
第 141 页
第 142 页
曹先强
第 19 页
第 33 页
第 34 页
第 35 页
第 38 页
第 64 页
第 66 页
第 88 页
第 98 页
第 101 页
第 110 页（下）
第 117 页
第 120 页
第 146 页
第 148 页
贾仲益
第 39 页
刘军
第 21 页（上）
第 22 页（左一）
第 121 页
龙光茂
第 20 页（下）
第 29 页（上）
第 48 页
第 65 页
第 67 页（中）
们发忠
第 144 页
们汗青
第 11 页
第 15 页
第 16 页
第 23 页
第 24 页（左一）
第 25 页（右下）
第 27 页
第 29 页（下）
第 31 页（上）
第 45 页
第 70 页（上）
第 75 页
第 76 页
第 77 页
第 80 页（下）
第 87 页
第 90 页（上）
第 106 页
第 111 页（下）
第 112 页（下）
第 119 页（上）
民族文化宫博物馆
第 25 页（上、左下）
王红
第 22 页（下）
第 31 页（下）
第 113 页
第 128 页
第 138 页
杨帮庆
封面
第 67 页（右）
杨发开
第 40 页（上）
第 51 页
第 52 页
第 53 页
第 58 页
第 69 页
第 73 页（下）
第 74 页
第 84 页（上）
第 95 页
第 116 页
第 119 页（下）
第 124 页
第 132 页
第 133 页（下）
第 134 页
第 135 页
张丹波
第 68 页
张红艳
封底
第 21 页（下）
第 26 页（上）
第 28 页
第 133 页（上）
张志平
第 13 页（上）
第 19 页(右)
第 20 页（上）
第 24 页（上、下）
第 26 页（下）
第 30 页（上）
第 32 页
第 41 页
第 42 页
第 43 页
第 44 页
第 67 页（左）
第 70 页（下）
第 71 页
第 78 页
第 82 页
第 86 页
第 90 页（下）
第 91 页
第 92 页
第 100 页
第 111 页（上）
第 114 页
第 127 页
第 129 页
第 130 页
第 131 页
第 139 页
第 150 页
中国阿昌族研究会
第 13 页（下）
第 22 页（右上）
第 30 页（下）
第 37 页
第 40 页（下）
第 46 页
第 50 页（下）
第 55 页
第 62 页
第 72 页
第 73 页（上）
第 79 页
第 80 页（上）
第 81 页
第 83 页
第 84 页（下）
第 85 页
第 89 页
第 92 页（上）
第 94 页
第 96 页
第 97 页
第 98 页
第 104 页
第 110 页（上）
第 112 页（上）
第 118 页
第 122 页
第 125 页
第 126 页
第 136 页
第 137 页
第 138 页
第 143 页
第 145 页
第 146 页
第 147 页
周秀清
第 50 页（上）
左续中
第 12 页

后记

应《走近中国少数民族丛书》编委会之邀，我们在工作之余写成了《走近中国少数民族丛书·阿昌族》一书。

《走近中国少数民族丛书》是一部普及民族知识，展示民族传统文化，宣传新中国成立以来，少数民族发生的巨大变化和取得伟大进步的读物。

我国的阿昌族由于人口少，又居住在边疆，因此人们对其还不甚了解，经常会听到阿昌族生活在哪里、吃什么、穿什么、住什么、有什么风俗习惯等等这样的问题。本书以图文并茂的形式介绍了阿昌族的历史渊源、居住环境、经济生活、节日习俗、文学艺术、宗教信仰等多方面的知识，阐述了阿昌族传统文化的浓郁特色、深厚底蕴和丰富内涵。愿这本《走近中国少数民族丛书·阿昌族》的出版，能够对更多的读者了解阿昌族起到一些作用。并期望有更多的人们走近阿昌族，认识阿昌族，了解阿昌族文化。

在撰写本书过程中，我们参考、吸收了众多有关阿昌族经济、文化的研究成果，有的已在所列参考文献中注明，对未能注明者在此表示感谢！

本书采用的大量图片，除了作者拍摄的之外，选用了曹先强、杨发开、张志平、杨帮庆、王红、刘军、们汗青、张丹波、龙光茂、贾仲益、周秀清等人的照片，还选用了中国阿昌族研究会、民族文化宫博物馆及《阿昌之魂》《梁河阿昌族今昔》等单位和图书的图片。这些图片为本书增色不少，在此向这些图片的作者表示真诚的感谢！

本书的编写和出版，得到了辽宁民族出版社编辑金顺玉女士的大力支持和无私帮助，在此表示衷心的感谢！

最后，借《走近中国少数民族丛书·阿昌族》一书的出版发行，祝阿昌族各行各业蒸蒸日上、兴旺发达！

祝愿阿昌族父老乡亲、兄弟姐妹身体健康，工作顺利，生活幸福，万事如意！

们发延　张斯齐

2014年8月于北京